Danelia Leonard

Akasha Chronik
Online-Beratung

AF284654

© 2021 Danelia Leonard

Texte: © Copyright by Danelia Leonard
Cover: www.buchstabenpuzzle.de
Fotos: Danelia Leonard
Lektorat: Ulrike Mülhaupt & Scribendo
Korrektorat: Ulrike Mülhaupt

info.danelia@gmx.de

1. Auflage

Bibliografische Information der Deutschen Nationalbibliothek:
Die Deutsche Nationalbibliothek verzeichnet diese Publikation in
der Deutschen National-bibliografie; detaillierte bibliografische
Daten sind im Internet über http://dnb.dnb.de abrufbar.

Herstellung und Verlag: BoD – Books on Demand, Norderstedt

ISBN: 978-3-7534-0362-5

Danelia Leonard

Akasha Chronik
Online-Beratung

Inhalt

Vorwort

Als Kind war ich von einer geheimnisvollen Frau, die in einem verdunkelten Zimmer saß, fasziniert. Sie saß da und redete. Meine Mutter hörte zu und ich schaute auf die Augen der Frau. Sie hatte ihre Augen geschlossen. Es schien, als lausche sie einer anderen Welt. Draußen vor der Tür wartete meine Oma, die uns hierhergebracht hatte. Sie wollte uns zeigen, dass es viele Menschen wie sie gibt. Menschen, die anders sind und mit der geistigen Welt Kontakt aufnehmen können. Ich bin in einer Kultur und Umgebung aufgewachsen, wo dies streng geheim gehalten wurde. Wir lebten in der kommunistischen Zeit, in der solche Treffen verboten waren. Erst Jahre später, als ich anfing mich dafür zu interessieren, begriff ich vieles. Meine Oma lebte im Gebirge in einer Region, in der es sehr viele Kräuter, Wildfrüchte und Apfelbäume gab. Sie hatte ein Zimmer, in dem sie die Menschen empfing. Ich wurde oft zum Spielen nach draußen geschickt. Trotzdem wollte ich unbedingt wissen, was die Großen da machten und versteckte mich hinter der Tür und lauschte. Meine Neugier trieb mich dazu. Ich wusste, dass es Geheimnisse gab, die nicht für Kinder bestimmt waren. Wenn ich heute daran denke, muss ich lachen.

Ich war damals ein Kind auf der Suche. Während meiner Kindheit wusste ich, wie gewisse Situationen ausgehen würden, hatte aber Angst es zu sagen. Ich war damals ein schüchternes Kind und ich dachte, solche Fähigkeiten seien normal und alle Menschen könnten das. Nach dem Umzug meiner Familie begann ich zu lesen. Ich verschlang Bücher über Indianer. Ich habe alle Bücher von Karl May gelesen.

Vor ein paar Jahren wurde mir bewusst, warum mich Indianer als Kind so faszinierten – es war ein Archetyp, den ich in Kanada in einem früheren Leben gelebt hatte. Heute weiß ich, dass die Kindheit eine entscheidende Rolle im Leben eines Menschen spielt – auch in Bezug auf seine Erinnerungen und die Fähigkeit, sich an frühere Leben zu erinnern.

Jede kindliche Begeisterung für eine Sache, seien es ein Beruf, Engel, Einhörner, Drachen oder magische Tiere, hat ihren Ursprung in einem früheren Leben. Genau dieses Leben wurde von der Seele in diesem Leben aktiviert, um eine unvollendete Aufgabe zu Ende zu bringen.

Ich arbeite heute viel mit Kindern und fördere ihre Kreativität und Erfahrungen aus den früheren Leben, ohne etwas zu sagen. Die Kommunikation findet auf der Seelenebene statt.

Kinder sind die wunderbarsten Geschöpfe Gottes, die uns begegnen. Wir können sehr viel mitnehmen und neue Seiten in uns entdecken. So wie ich.

Als ich heiratete, konnte ich viele Jahre keine Kinder haben. Erst nachdem ich zu meditieren begonnen hatte, erkannte ich den wahren Grund dafür. In der Zeit, als ich bei vielen Heilern, Hellsehern und in Kliniken war, fing ich an zu beten.

Einmal war ich mit dem Zug unterwegs. So unterwegs zu sein, ist ein Erlebnis. Man trifft unterschiedliche Menschen, die einem Worte und Sätze sagen oder Geschichten erzählen, die hängenbleiben. Ich wurde von einer Frau angesprochen, die über sechzig war. Sie sagte: »Kind, bete. Gott hört unsere Wünsche. Ich weiß, dass du ein Kind haben wirst.« Nach ein paar Jahren ging ich an einem Osterfest in eine Kirche, die nach der Hl. Mutter Maria benannt war. Das Osterfest war an meinem Geburtstag. In der Kirche wusste ich, was geschehen würde und verließ sie friedlich und sicher, dass ich ein Kind haben würde. Im nächsten Monat war ich schwanger. Ich wollte sagen, dass wir den Glauben und die Wünsche nicht aufgeben dürfen und unsere Herzenswünsche dem göttlichen Plan überlassen sollten.

Mein Wissensdurst und das Kribbeln in den Händen haben mich zu einer Therapeutin geführt, bei der ich Reiki-Energie erleben durfte. Damals boomte das Thema Spiritualität. Alles Verborgene in diesem Bereich kam ans Licht. Es gab auch viele schwarze Schafe.

Ich interessierte mich weiter für Astrologie, Numerologie, Psychologie, Energieübertragung und das Quantenfeld. Ich verschlang Bücher und meditierte weiter. Viele meiner Bekannten und Freunde kamen zu mir, wenn sie Probleme hatten, um zu hören, wie ich die Situation sah. Ich heilte Menschen mit meinen Händen.

Dann kam die Krise. Ich war geschieden mit einem kleinen Kind.

2000 verließ ich mein Heimatland und heiratete wieder. In Deutschland machte ich viele Ausbildungen – ein Studium in Psychologie, Intuitive Gesprächsführung, Hellsehen und Hellfühlen. Ich schrieb Bücher über Intuition und Selbstentwicklung. Ich berichte hier nicht darüber, wie man mich ansah, als ich über Engel, energiegeladene Partikel und Wellenübertragung sprach. Man hielt mich für abergläubisch und dumm. Als ich begann Vorträge zu halten, erlebte ich hingegen sehr viele schöne Momente.

Auf einer Messe traf ich eine wunderbare Frau, Veronika Broszinski. Sie erinnert sich noch heute daran, was ich ihr damals sagte: Sie würde ein Ayurveda-Zentrum haben und Yoga unterrichten. Drei Jahre später hatte sie das alles. Sie hat mir geglaubt und ist meine treue Freundin geworden. Vor drei Jahren habe ich mich entschieden, in der Online-Beratung aktiv zu werden.

Wie kam ich zur Akasha Chronik? Ich lese gerne neue Bücher, die von Selbstentwicklung und Spiritualität berichten. So habe ich mir ein Buch darüber gekauft, es gelesen und zur Seite gelegt. Das Thema Akasha Chronik hat mich interessiert, aber in dem Moment nicht gefesselt. Ich stellte das Buch ins Regal. Meine Medialität lebte ich täglich.

Es wird uns das geschickt, was wir bereit sind anzunehmen und unserer Entwicklung entspricht.

Letztes Jahr nach einer Operation, als ich ziemlich lange im Aufwachraum lag und meine Ahnen sah, hat sich einiges verändert. Danach begann ich zu zeichnen und die Runen kamen zu mir. Die schönen, farbigen Runenbilder waren für mich ein Segen.

Ich ordnete meinen Arbeitsalltag neu. Mein Wecker klingelte zwanzig Minuten früher und ich meditierte, indem ich zeichnete. Dann kamen Auragramme zu mir. Manchen meiner Familienmitglieder gab ich zum Geburtstag oder an Feiertagen Bilder von mir. Seelenbilder.

Beim Aufräumen fand ich das Buch über die Akasha Chronik wieder. Danach entschied ich mich, die Ausbildung zu absolvieren. So bin ich in einer Online-Ausbildung gelandet.

Im Oktober letzten Jahres – auf einer griechischen Insel, auf der ich meinen verspäteten Urlaub verbrachte, um meine Kräfte zu sammeln – erlebte ich die ersten Wow-Effekte in der Akasha Chronik. Ich ging jeden

Tag in meine Akasha Chronik, zeichnete und ging allein spazieren. Sofort spürte ich einen Energieschub. Auch leichte Erdbeben nahm ich wahr. Auf allen griechischen Inseln wackelt es. Diese liegen in einer Zone mit sehr starker Erdaktivität. Die Energie ist dort gewaltig. Die Inselbewohner hingegen sind sehr ruhig und gelassen, freundlich und hilfsbereit. Weit weg von Hektik und Stress.

Als ich auf der Terrasse des Hotelrestaurants saß und das zu meinen Füßen liegende Meer sah, hatte ich das Gefühl, ich sei nach Hause gekommen. Ich kontaktierte eine Kollegin und bat sie um eine Austauschlesung. Ich wusste, dass es bei mir etwas zu heilen gab.

Die vergangenen Inkarnationen kamen zu mir. Die verlorenen Seelenteile meldeten sich. So habe ich durch die Akasha Chronik mehr über mich erfahren. Auch die Antworten von Meister und Lehrer waren erstaunlich. Ich bekam für den Plot meines neuen Romans die komplette Figurenpalette, Handlung, Orte und Szenen. Es floss und floss und floss.

Zurück in Deutschland beschloss ich, mich weiter im Bereich Akasha Chronik zu bilden. Einige Fragen konnte ich mir selbst beantworten. Nach vielen Austauschlesungen mit meinen Kolleginnen habe ich eine wunderbare Kollegin kennengelernt. Nach meiner zweiten Operation brach für uns alle die Corona-Zeit an. Ich nutzte sie, um sowohl im Home Office zu arbeiten als auch regelmäßig in meine Akasha Chronik zu gehen. Das wurde für mich die schönste Zeit des Tages, mein Highlight. Es wurde leichter und leichter.

Eines Tages wusste ich, dass jeder, absolut jeder, in seine Akasha Chronik gehen und dort surfen kann.

Auch Du, lieber Leser, wenn Du noch keine Erfahrung damit hast, kannst das.

Leicht und friedvoll.

Was ist die Akasha Chronik?

Dieses Buch basiert auf eigenen Erfahrungen, Erfolgen, aber auch dem Scheitern. Ich möchte alle, die sich noch nicht mit der Akasha Chronik befasst haben, ermutigen, dies zu tun.

Für Leser, die schon Erfahrung damit haben und täglich surfen, kann das Buch Ideen, Inspirationen und einen anderen Blickwinkel geben, der den eigenen Kompass neu ausrichten könnte.

Als ich die Information für dieses Buch bekommen und aufgeschrieben hatte, sprang ich voller Aufregung auf, ging zu meinem PC und hielt alles Notierte fest. Es gab kein Zögern, keinen Zweifel und keine Aufschieberei. Es war genau die Dosis Begeisterung, Motivation, Absicht und Leidenschaft wie bei den anderen Büchern und Projekten, die ich mit voller Konzentration und Herzblut realisiert habe.

Das Wissen, dass ich dadurch andere auf ihrem Weg unterstützen würde, die Inspiration und die Sicherheit, dass ich in jedem Moment von den Meistern und Lehrern begleitet werde, wenn ich darum bitte, beflügelten mich.

Aus rechtlichen Gründen gehe ich nicht auf einige Elemente der Online-Lesung ein. Im Buch führe ich nur meine Einsichten, Arbeitsweise und Erfahrungen, die ich mit Klienten im Laufe der Jahre gesammelt habe.

Das Wort *Akasha* stammt aus dem Sanskrit und hat einige Bedeutungen: Äther, ursprüngliche Substanz, Universum.

Die Akasha Chronik beinhaltet das gesamte Archiv aller Umstände und Handlungen des Bewusstseins in allen Realitäten. Sie bewahrt die Geschichte Ihrer Seele in Form von Information auf – von ihren Ursprüngen bis zum jetzigen Moment. Die Akasha Chronik ist das gesamte Wissen, Vergangenheit, Gegenwart und Zukunft. Sie gibt die Möglichkeit der Entfaltung der zukünftigen Ereignisse anhand der Entscheidungen, die wir treffen.

Die Chronik ist ein Archiv des gesamten gewonnenen Wissens als Ergebnis der menschlichen Erfahrung, codiert und aufbewahrt auf einem geistigen Niveau der Existenz. Sie dient dazu, Ihnen selbst, Ihrer Familie, Freunden und Klienten eine Orientierung zu geben, zu transformieren und zu heilen. Natürlich ist der Wunsch kreativ zu sein, ein Problem zu lösen, andere zu unterstützen, die eigene Wahrnehmung zu entwickeln und Neugier zu haben von Bedeutung. Es gibt viele gute Gründe, das gespeicherte Wissen und die Erfahrung der Seelen, das Kulturgut und die Geschichte eines Landes, der Völker oder der Erde und des Universums effektiv zu nutzen. Jeder findet bestimmt auch für sich Ideen und Inspirationen, die er nutzen könnte. Seit März dieses Jahres sind die Tore der Akasha Chronik auch für Seelen zugänglich, deren Absichten auf das Wohl des Ganzen ausgerichtet sind. Es ist eine wunderbare Zeit und eine persönliche Erfahrung, in die eigene Akasha Chronik zu gehen. Das Buch seines Lebens zu öffnen und zu lesen.

Neulich habe ich einen Wow-Effekt in meiner Akasha Chronik erlebt. Ich wurde durch ein Lichttor geführt und mir wurden die verschiedenen Dimensionen gezeigt. Dort konnte ich auch der Seele meiner verstorbenen Mutter begegnen, der Seelenschule und den Abteilungen der Lichtbibliothek, in der all unsere Daten und Informationen gespeichert worden sind und gespeichert werden. Obwohl es nur ein winziger Blick war, möchte ich Sie ermutigen, den Schritt in Ihre Akasha Chronik zu wagen. Es fließen viel Liebe, Fürsorge und Mitgefühl für Menschen, Tiere, Pflanzen, Erde und das Universum. Die göttliche Liebe ist auf allen Ebenen spürbar – der körperlichen, mentalen und emotionalen.

Warum können wir das leicht nutzen? Früher, als die Zivilisation eine niedrige Entwicklungsstufe hatte und die elektrischen Schwingungen nicht hoch waren, scheint das Leben einfacher gewesen zu sein. Dennoch gab es natürlich Herausforderungen, Ängste und Probleme.

Das *Mädchen von Egtved* gibt uns wichtige Hinweise, wie unsere Vorfahren in der Bronzezeit um das Jahr 1368 v. Christus gelebt haben.

Dänische Archäologen entdeckten in Egtved einen Baumsarg aus Eiche mit einer Frau, die auf skandinavische Art und Weise bestattet worden war.

Archäologische Untersuchungen kamen zu dem erstaunlichen Ergebnis, dass diese junge Frau nicht aus dem Norden stammte. Sie hatte eine Entfernung von über 2000 Kilometern zurückgelegt.

Sie trug einen kurzen Wickelrock aus gedrehten Wollschnüren. Der Rock lieferte Informationen über ihr Leben und ihre Abstammung. Die Techniken der Herstellung des Rocks waren Flechten und Weben. Die Wollfäden waren wie ein Netz ausgerichtet worden, sodass ein luftiges, durchsichtiges Kleidungsstück entstand. Der Rock lieferte Informationen über die Bronzezeit des Nordens. Das Netz war für die Archäologen wie ein Buch des Lebens dieses Menschen. Anhand moderner Methoden wie der Strontium-Isotopen-Analyse untersuchten die Wissenschaftler die Signatur des Ortes, von wo das Mädchen herkam. Die Wissenschaftler vermuten, dass es aus dem Schwarzwald kam. Woher kannten die Menschen damals die einfache, aber kreative Flechtmethode des Rocks? Welches Wissen nutzten sie?

Stammte es aus Atlantis oder Lemurien? Der Rock ist wie ein Netz um den Körper geflochten worden. Ein Netz, das Information speichert und weitergibt. Eine Parallele zur Akasha Chronik. Die Archäologin Karin Frei ist der Meinung, dass die Strontium-Isotopen-Signatur wie ein GPS im Körper ist, das uns alles, was wir wissen möchten, verrät. Die Frauen jener Zeit wanderten zu den Handelsplätzen. Sie waren mobiler und uns insofern ähnlicher als bisher angenommen. Jedes Land war Teil eines großen Kommunikationsnetzwerks.

Die Menschen der Bronzezeit waren durch ihre Kleidung, ihre gesellschaftlichen Strukturen und ihr Wissen ein Teil der hochentwickelten europäischen Kultur.

In jeder historischen Epoche gab es Persönlichkeiten, die in der Akasha Chronik gearbeitet und dort ihr erstaunliches Erbe hinterlassen haben. Ein Beispiel dafür ist Nostradamus. Er behauptete, Zugang zur Akasha Chronik bekommen zu haben, indem er Methoden der griechischen Orakel, des Christentums, der Sophisten und der Kabbala nutzte. Andere historische Persönlichkeiten wie Alice Bailey, Rudolf Steiner und Edgar Caisy behaupteten, dass sie bewusst die Akasha Chronik genutzt hätten.

Meister Petar Dunov von der Weißen Bruderschaft führte ein einfaches Leben im

Einklang mit der Natur und sich selbst. Ich habe gelesen, dass Rudolf Steiner, nachdem er von Dunov und dessen Paneurhythmie erfahren hatte, dessen Philosophie und Prinzipien folgte. Noch heute fließen in das pädagogische Konzept der Waldschulen die Gedanken, Übungen, Bewegungen und alle Einsichten, die Meister Dunov aus Bulgarien als geistiges Erbe hinterlassen hat, ein.

Dies ist nur ein Beispiel, wie die Geschichte und das Wissen aus der Akasha Chronik über die geistige Welt genutzt und weitergegeben wurde. In den Lesungen mit Klienten kommen Hilfe und Unterstützung von verschiedenen Lehrern, Heilern, Wissenschaftlern, Autoren und spirituellen Führern, welche die Transformation erleichtern. Alle Entdeckungen, Bestseller und technischen Fortschritte sind den Menschen in der Akasha Chronik gezeigt worden.

In der westlichen Welt benutzen Menschen verschiedene Worte für Akasha:

Buch des Lebens (christlich, aus der Bibel, Offenbarung, 3:5, 3:8, 3:17, 8:20, 8:21)

Kosmisches gemeinsames Bewusstsein
Kosmisches Gedächtnis
Universelles Gedächtnis
Gedächtnis der Natur
Universelle kosmische Bibliothek
Buch der Erinnerung (jüdisch)

Saal der Lehre
Saal des Wissens
Schatzhaus des Thot (ägyptisch)
Bewusstseinsraum (deutsch, Raum des bewussten Wissens des Selbst)
Akashovi Chroniki (slawisch)
Ätherische Aufzeichnungen (tibetisch)
Anima Mundi (Seele der Welt)

Was brauchen wir für eine Lesung?

Es gibt verschiedene Voraussetzungen für das Online-Lesen in der Akasha Chronik. Zuerst brauchen wir unser Höheres Selbst, das geerdet, gereinigt und konzentriert den Kontakt aufnimmt. Unsere Sinne werden ausgerichtet und empfangen durch Schwingungen Informationen. Ich persönlich prüfe ständig, woher diese Informationen kommen: ob von den Meistern und Lehrern oder von unserem Ego.

Der Wunsch, die erhaltene Information und Unterstützung für ein Handeln zum Wohle des Ganzen zu nutzen, gewährt den Zugang zur Akasha Chronik. Natürlich sind das Wissen um die Funktion unserer Sinne, Intuition und eigene Wahrnehmung die Voraussetzung dafür, die energetische Schwingung zu erreichen, die Sie brauchen, um mit den Meistern und Lehrern zu kommunizieren.

Die Erfahrung in der Online-Beratung mit Akasha Chronik ergibt sich nach den Fragestellungen, Selbstreflexionen und dem Austausch mit anderen Kolleginnen und Kollegen.

Oft wird den Menschen im Traum der nächste Schritt im Leben gezeigt.

Unsere Träume sind etwas Wertvolles. Sie zeigen uns, welche Themen, Emotionsbereiche oder Emotionen im Moment für uns relevant sind.

Ich schrieb dieses Buch in einer Zeit, in welcher die Corona-Krise uns vor viele Herausforderungen stellt. Eine davon ist, bei uns richtig anzukommen, innere Räume aufzuräumen und alles zu klären, was noch zu klären ist.

Kurz nach dem Aufwachen notiere ich mir die Sprachcodes des Traums in einem Heft. Später wird mir gezeigt, zu welchem Kapitel des Buches sie gehören. Dies ist einer der Wege, ein Buch mit Meister und Lehrer zu schreiben. Jeder findet für sich heraus, was am besten für ihn passt. Heutige Sprachcodes vom Traum sind Vergänglichkeit – Unvergänglichkeit. Interessanterweise behalte ich die Sprachcodes als Gegensätze – ein Zeichen der Dualität. Damit fange ich an, bis sich alles auf andere Dimensionen ausdehnt. Diese zwei Begriffe sind für Intensität und Erinnerungen von Bedeutung. Wie wird die Energie zur Erinnerung?

Was ist notwendig, um eine Online-Lesung durchzuführen?

Stärke der Energie oder Emotionen?

Wie wirkt sie auf die menschliche Seele?

Was wirkt auf die Seele – Emotionen oder Angst? Diese und viele andere Fragen stellte ich mir und beobachtete, was passieren würde.

Einige wichtige Informationen über Emotionen halfen mir sehr in meiner Arbeit.

Emotionen sind chemische Reaktionen, die im Gehirn Spuren hinterlassen. Was bleibt und was geht? Wieso bleibt genau diese Erinnerung, um geheilt zu werden? Gibt sie der Seele die Möglichkeit zu wachsen oder möchte die Seele das nicht? In der Lesung spüren wir, wie diese Fragen geklärt werden können. Der freie Wille, ein spirituelles Gesetz, hilft uns zu wachsen und uns zu bewegen. Bewegung und Stillstand sind die Axiome des Lebens. Moment und Emotion, Moment und Emotion und so weiter. So entsteht die Erinnerung, in der die Lernaufgabe gespeichert ist. Diese gespeicherte Erinnerung lehrt uns die Teilchen, die wir Seelenanteile nennen, zu erkennen. Ein Teil dieser Erinnerungsenergie bleibt in der Zeit, der andere schwingt weiter. Unsere Aufgabe als Leser in der Akasha Chronik ist, diese Seelenanteile zurückzuholen und die Vollständigkeit der Seele durch Heilung zu erreichen. Fritz Riemann schreibt in seinem Buch »*Grundformen der Angst*« auf S. 42: »... wie wir ja immer dazu neigen, auf uns fremd, ungewohnt oder unheimlich Erscheinendes, eigene Probleme und nicht integrierte unbewusste Seelenanteile zu projizieren«. Als ich das gelesen habe, war es für mich wie eine kleine Entdeckung. Zum ersten Mal in seinem Buch schrieb Riemann hier über die Seelenanteile. Diese Erkenntnis war wie ein Osterei im Text versteckt. Ich las das Buch sehr langsam, sonst hätte ich es nicht gefunden. Die Welt projiziert in uns und wir auf die Welt. Die Seele trägt die gebliebenen Schmerzen mit sich. Welche Methoden wir anwenden, um das zu heilen, hängt von vielen Faktoren ab. Intuitiv oder planmäßig, durch gezielte Fragestellung oder wir lassen uns führen. Es gibt Lehrer der Akasha Chronik, die ihren eigenen Fragenkatalog entwickelt haben und die Berater lehren, so anzufangen. Probieren Sie für sich, was zu Ihnen passt. Aus meiner Sicht können Sie während einer Lesung auf einige Elemente achten: Körperempfinden, Wahrnehmung, Gefühle, innere Bilder, Frage des Klienten oder Ihre eigene Frage, Intention/Wunsch. Was wollen Sie erkennen und heilen? Es hängt von den Themen ab, mit denen die Klienten zu Ihnen kommen: Verhaltensmuster, Krankheit, Beziehung, Wohlstand oder etwas anderes. Mir haben am Anfang die allgemeinen Fragen von der Krimiautorin Agatha Christie sehr geholfen: was, wo, wer, wann, warum. Wenn Sie eine Orientierung haben und sich intuitiv leiten lassen, erfahren Sie sehr viel von der Akasha Chronik. In diesem Moment liegt es in Ihrer Verantwortung, nicht zu vergleichen, nicht Fehler zu suchen oder etwas verändern zu wollen, ohne den Grund zu wissen. Wie Sie die Seelenanteile zurückholen können, hängt von den Antworten der geistigen Welt ab. Schreiben Sie alle Gebete, Affirmationen und Hinweise, die Sie als Informationen bekommen haben, auf und geben Sie diese den Klienten als Geschenke-Tools. Genau so wie es die Meister und Lehrer gegeben haben, ohne etwas zu verändern. Falls Sie etwas nicht verstanden oder Zweifel haben, fragen Sie nach. Ein Dialog ist notwendig, um alle Fragen zu klären. Schauen Sie, wie sich der Klient fühlt, fragen Sie nach, ob Sie weitermachen dürfen, oder ob es für das erste Mal reicht. Manchmal fühlen sich die Klienten nicht bereit, viel Information aufzunehmen. Dies gilt besonders dann, wenn es in die Tiefe geht. In meiner Praxis gehe ich tief und wenn ich merke, es ist für den Klienten zu viel, machen wir einen anderen Termin aus. Dazwischen lege ich mindestens zwei Wochen. Manche brauchen mehr, manche weniger, um alles zu verarbeiten. Unterstützende Tätigkeiten sind hier Meditation, Yoga, Atmung und Achtsamkeit.

Struktur einer Online-Lesung

Eine Online-Lesung in der Akasha Chronik unterscheidet sich von der Lesung eines Kartenblattes. Menschen, die keine Erfahrung mit der Chronik haben und sich damit befassen möchten, brauchen eine klare Aussage, was sie erwartet und wie eine Lesung funktioniert.

Wenn die Interessenten anrufen, mache ich ihnen klar, dass es sich um unterschiedliche Methoden der Unterstützung und Beratung handelt. Ein Kartenblatt zeigt die Themen und Tendenzen visuell auf. Bei verschiedenen Kartendecks oder Runen können die Zeittendenzen abgelesen werden. Im Quantenfeld sind alle früheren Inkarnationen und Ereignisse der Seele, das gegenwärtige und zukünftige Leben gleichzeitig vorhanden. Auch die Sprache der Karten und einer Online-Lesung in Akasha Chronik ist anders. Die Meister und Lehrer sprechen eine Seelenfachsprache, welche das Paradigma der Liebe zeigt. Der Kartenleger hat seine eigene individuelle Fachsprache, welche der Motivation und Stärkung der Menschen dient. Das Medium, das eine Online-Lesung macht, übersetzt von der Seelensprache in die menschliche Sprache der Liebe.

Die Vorbereitung für eine Online-Lesung in der Beratung ist ein wichtiger Schritt. Die Interessenten bekommen genaue Anweisungen zum Ablauf einer Lesung. Der Berater, der Online-Lesungen machen möchte, bereitet sich energetisch und mental vor. Die Konzentration im Gespräch ist die gelebte bewusste Gegenwart. Zuhören, empfangen, die richtigen Fragen stellen, den Geschenke-Tool-Korb sinnvoll nutzen, lachen und freundlich sein sind einige der Elemente einer erfolgreichen Online-Lesung in der Akasha Chronik.

Nach jeder Sitzung erde ich mich und schreibe alles auf, was ich während der Sitzung erlebt, gefühlt und als Symbole, Bilder, Töne, Geräusche oder Geschmack wahrgenommen habe. Ich verändere die Worte und Sätze nicht. Informationen über die Seelensprache finden Sie weiter hinten in diesem Buch.

Ich sitze aufrecht, die Füße befinden sich auf dem Boden, beide Augen sind weit geöffnet und ich schaue nach oben links, um die Schwingung zu erreichen.

Das Betreten des Raumes der Akasha Chronik geschieht würdevoll und mit Respekt. Begrüßung und Frage, ob ich in meiner Akasha Chronik bin.

Zuerst erkläre ich den Ratsuchenden kurz was meine Beratungsmethode ist und erläutere die Unterschiede zu den anderen Online-Beratungsmethoden.

Erst dann können die Ratsuchenden ihre Fragen stellen. Die meisten Menschen wollen mehr über ihre Beziehungen, Wohlstand, Beruf oder Familie erfahren. Die Kunst, die richtigen Fragen zu stellen, kommt mit der Erfahrung. Auf die Fragen der Klienten zu achten und die versteckten Ängste und Muster zu erkennen, erfordert eine enorme Konzentration, Wissen und Selbstreflexion. Ich frage mich nach jeder Beratung, ob das Ziel des Klienten erreicht wurde und wie ich es besser machen kann. Die Gedanken dazu notiere ich und achte bei der nächsten Lesung darauf.

Die Sprache oder Codierung

In der Online-Lesung wird als Sprache oder Codierung die Fachsprache der Liebe verwendet, die dazu dient, die spirituelle Entwicklung der Menschen zu unterstützen und zu fördern. Die Inhalte und die damit verbundenen Absichten werden durch Stimmfarbe, Satzmelodie, Sprechgeschwindigkeit und Lautstärke transportiert. Freude, Lachen und Körpersprache des Mediums geben den Suchenden ein Gefühl von Leichtigkeit und Frieden. Die Menschen fühlen sich wohl, entspannt und gut aufgehoben. In der Online-Lesung ist unsere Sprache Ausdruck der Achtsamkeit gegenüber sich selbst, der Sache und dem anderen. Die Ausrichtung auf ein Ziel entscheidet über die Konsequenzen, die auf den Gedanken folgen. In der Online-Lesung konzentriere ich mich auf das höchste Gut der Menschen, nämlich die Liebe, um Schmerzen, Angst, gespeicherte unbewusste Muster und Glaubenssätze zu transformieren. Gedankenhygiene setzt Konzentration, Wahrhaftigkeit, Authentizität, eine klare Wertvorstellung, Unterscheidungsvermögen und Grenzen setzen voraus. Damit setze ich mich auseinander und überlege vorher, welche Worte und Ausdrücke in der Online-Lesung in der Akasha Chronik effektiv, motivierend und friedvoll wirken. Durch aktives, bewusstes Zuhören erkenne ich, welches Thema und welche Lebenslektion sich hinter den Fragen der Klienten verbergen. Dies ist die Aufgabe von jedem, der im göttlichen Buch des Lebens liest – das eigene oder das von Klienten. Die Formulierung der Fragen der Klienten zeigt mir sofort, worum es geht. Zum Beispiel fragen die Menschen oft: »Wie geht es mit uns weiter?« Meistens geht es um eine Trennung, Trennungsabsichten oder Streitigkeiten in der Beziehung mit dem Partner. Die Bereitschaft, in eine Beziehung Zeit und Energie zu investieren, um die Kommunikation zwischen den Partnern zu verbessern, ist eine wichtige Voraussetzung für die Veränderung. Um Klarheit zu gewinnen und Nuancen zu sehen, kommt die nächste Frage: »Was meinen Sie damit?« Den kleinen Türöffner sehen die Suchenden oft nicht oder wollen ihn nicht sehen. Es gibt natürlich schwarze Schafe, die mich als Medium testen wollen und bewusst Fragen stellen, die keiner Wahrheit entsprechen. Die Bereitschaft solcher Menschen, die Wahrheit zu hören und Klarheit zu bekommen, ist gleich null. Die Spiegelung ist da. Wenn wir nicht ehrlich zu uns sind, wie können wir dann die Wahrheit der anderen hören? Solche Klienten in der Online-Beratung unterbrechen nach der zweiten Minute die Verbindung. Der Lernprozess ist ein Ganzes und es braucht Zeit, um sich im Klaren über diesen Prozess zu sein. Einige Klienten rufen ein zweites Mal an und dann sind sie bereit zumindest zuzuhören. Die Information aus der geistigen Welt zu hören erfordert von den Klienten Mut und Vertrauen. Die Bereitschaft, Verantwortung für das eigene Leben und Glück zu tragen, muss vorhanden sein.

»NICHT« und »KEIN«

Die Wirkung dieser Wörter ist für alle, die in der Akasha Chronik lesen, deutlich spürbar.

Die Klienten sagen:

»Ich möchte, dass mein Freund nicht so kalt ist.«

»Ich möchte nicht allein sein.«

»Ich möchte nicht traurig sein.«

»KEIN« richtet uns auf das Fehlende aus und macht uns machtlos.

»Ich möchte keinen Streit haben.«

»Ich möchte keine Angst haben.«

»Ich möchte keinen Ärger haben.«

Wir arbeiten mit unseren vorhandenen Ressourcen:

»Ich regle Konflikte konstruktiv.«

»Ich gehe vertrauensvoll in meine Zukunft.«

»GEGEN« und »FÜR«

»GEGEN« steuert den Mangel und »FÜR« schenkt uns Fülle.

»GEGEN« zeigt:

Ohnmacht,

Aggression,

Zwiespalt,

Fronten,

Hass,

Abscheu,
Angst,
Misstrauen,
Fanatismus.
»FÜR« schenkt uns:
Tatkraft,
Weite,
Einigung,
Zuwendung,
Harmonie,
Vertrauen.

Für das Gehirn sind die Wörter »NICHT«, »KEIN« und »GEGEN« unbedeutend. So wird die Negation in Sätzen wie »Ich möchte, dass mein Freund nicht so kalt ist«, »Ich möchte nicht allein sein« usw. nicht richtig verarbeitet. Die Aussagen kommen falsch ins Gedächtnis und werden als Gedankenmuster gespeichert, die sich unbewusst weiter manifestieren. Daher können wir beispielsweise »Ich kann in der Akasha nichts sehen« als »Die Meister und Lehrer zeigen, dass ...« ausdrücken. Weitere Beispiele für den Ersatz von Negationen:

»Das weiß ich nicht.« – »Ich stelle eine andere Frage.«

»Da haben Sie mich falsch verstanden.« – »Ich habe mich missverständlich ausgedrückt.«

Die neue Codierung ist positiv und beflügelnd:

»Mein Partner ist liebevoll zu mir und der Welt.«

»Ich habe mehr Geld als ich brauche.«

»Ich bin glücklich.«

»Ich bin gesund.«

Die Botschaft wird vom Sender, vom ICH, zum Empfänger, SIE, gegeben.

»Ich gebe Ihnen ...« – »Sie erhalten von mir ...«

»Ich zeige Ihnen ...« – »Sie können sehen ...«

Sprache ist mit Gedanken verbunden und Sprachhygiene setzt Gedankenhygiene voraus.

Ausgesprochene Worte wirken und transportieren Energie. Als Sender der geistigen Welt geben sie die Gefühle, Körperempfindungen, innerlichen Bilder, Begriffe und Eindrücke, die Sie während einer Lesung empfangen, weiter. Das, was die Klienten während einer Lesung oder Beratung spüren, teilen sie uns mit.

Was suchen wir?

In der Online-Lesung konzentrieren wir uns auf die Gefühlsebene der Situation, die in der Vergangenheit liegt. Mögliche Trigger zum Zugang zu den Emotionen sind: Situationen, die belastend gewesen sind, die Gefühle selbst (»Ich bin traurig«), die Körpersymptome während der Lesung (Druck auf der Brust, Knoten im Bauch, Kloß im Hals), innere belastende Bilder, die immer wieder kommen, Glaubenssätze (die immer emotional verknüpft sind). Die zeitversetzt gespeicherten Gefühle und Glaubenssätze können wir in der Online-Lesung ablesen und am Ende der Lesung als Geschenke-Tools neu ablesen. Die Fragen an Meister und Lehrer ergeben sich leichter aus den betreffenden Situationen und Gefühlen einer Person.

Erst wenn wir die Gefühlsebene des Geschehens verstehen, können wir zur Handlungsebene übergehen.

Wo suchen?

Die gespeicherten Ereignisse, Situationen, Gedanken und Gefühle können wir in den früheren, gegenwärtigen und zukünftigen Leben suchen. In der Online-Lesung erfahren Sie mehr über die Situation:

– In der **Kindheit** – Wissenschaftler sind der Meinung, dass 85% der Ursachen seelischer Schmerzen und Emotionen in der Kindheit liegen. Das Phänomen *inneres Kind* bezeichnet das Unbewusste in uns, das aktiviert werden kann. Verschiedene Faktoren spielen dabei eine Rolle. Ein Ereignis oder die Portaltage können die verdrängten Bilder und Schmerzen aufrufen.

– In den **Beziehungen** – Persönlichkeitsmuster: Macht, Harmonie, Perfektion, Sicherheit, Kampf, Spaß, Liebe, Erfolg.

Beziehungen können normaler oder karmischer Natur sein. Bei den karmischen Beziehungen kann es sich um ein Familienkarma (wir werden in eine Familie geboren) oder ein Beziehungskarma handeln. Wir lernen von unserem Partner und er von uns. Jede Begegnung und Beziehung ist eine erledigte oder nicht gelernte Lebenslektion. Je nachdem kommen wir wieder auf die Erde, um das zu reinigen und loszulassen. Die karmischen Partnerschaften zwingen uns, unsere Liebeslust voll zu erleben. Die Menschen, die eine Karmabeziehung zu uns haben, sind unsere Seelenpartner. Das stammt aus unseren Vorleben. Wie viele Leben oder Partner es waren, können wir in der Online-Beratung in der Akasha Chronik erfahren. Wenn Sie schon einmal eine Beziehung hatten oder jetzt haben, können Sie sich fragen, was der Sinn dieser Beziehung ist. Wir gehen mit vielen Erwartungen und Hoffnungen eine neue Beziehung ein. Wir wünschen uns von unserem Traumprinzen, dass wir von ihm erobert werden. Viele meiner Klientinnen haben nur den Wunsch, jemanden zu treffen, ohne dafür wirklich bereit zu sein. Um so wahrgenommen zu werden, wie wir es uns wünschen, müssen wir erst einmal so werden. Wenn wir in uns die Schönheit einer Prinzessin nicht erkennen und sie nicht zeigen, werden wir keinen Prinzen treffen. Jede Beziehung erfordert Arbeit und diese lohnt sich. Wer das noch nicht verstanden hat, lernt es schmerzlich. Unsere Beziehungen scheitern, weil wir die wichtigsten Signale des Partners übersehen haben. Weil wir uns etwas vormachen und in einer Welt der Illusionen leben, die nichts mit der Realität zu tun hat. Manche meiner Klienten haben Angst, sich ihren inneren Ängsten zu stellen und der Wahrheit ins Gesicht zu sehen. Sogar unsere Freunde reagieren auf diese unbewusste Art und Weise. **Der blinde Fleck** tritt in Erscheinung. Die Menschen ziehen sich dann zurück und bleiben in ihrer Höhle. Der nächste Schritt für uns ist abzuwarten und dem Freund, Partner oder Kollegen die Zeit zu geben, die er/sie braucht. Sind wir diejenigen, die sich melden, geraten wir in einen Teufelskreis der Macht. Die betroffene Person wird sich mehr von uns entfernen und in uns Schuldgefühle hervorrufen, wenn wir es zulassen. Solche Momente in unserem Leben sind sehr kostbar. Sie holen uns zu uns selbst und zeigen uns wie wertvoll wir sind. Die Verbindung zu unserem höheren Selbst bringt Schwung in unsere persönliche Seelenentwicklung. Plötzlich sehen wir die Situation und den Partner anders. Der Schleier der Verblendung ist weg und wir fühlen uns besser. Wir verstehen uns, unseren Partner und unsere Beziehung besser. Innere Arbeit in der Online-Beratung in der Akasha Chronik bringt Erleichterung. Karmische Verstrickungen brauchen mehr Arbeit und bringen uns aus dem Gleichgewicht.

Karma

Darunter versteht man in der Akasha Chronik gespeicherte Gefühle, Taten, Erfahrungen und Leiden aus den vergangenen und dem gegenwärtigen Leben. Im Begriff »Karma« verbirgt sich das Wissen über unser höheres Selbst. In den Online-Beratungen fragen die Klienten oft: »Warum gerate ich immer wieder an dieselben Frauen/Männer?«, »Warum komme ich von ihm/ihr nicht los?« Dies sind Fragen, die komplex sind und viele Aspekte haben. Der Weg der Entwicklung einer Seele geht über mehrere Inkarnationen. Unsere Seele macht Erfahrungen in männlichen und weiblichen Körpern, je nach Lernaufgabe. Diese können wir und unsere Klienten durch eine Online-Lesung erfahren, die schmerzlichen und fehlenden Seelenteile zurückholen und heilen. Bei karmischen Beziehungen haben wir das Gefühl, den Partner bereits zu kennen. Er wirkt auf uns sehr vertraut und somit scheint er unser Traumpartner zu sein. Wir lernen ihn kennen, ihn zu verstehen und mit ihm zu leben. Jeder Partner hilft uns, unsere eigenen Lernaufgaben in diesem Leben zu bewältigen. Der Weg zu uns führt durch unseren Partner, sowohl im Privatleben als auch im Beruf oder in der Familie. Jede Beziehung ist eine Bewusstseinserweiterung für uns. Wie lange es dauert, bis wir das verstehen, hängt von vielen Faktoren ab. Erkennen wir es, führen wir eine harmonische Beziehung. Falls wir es nicht sehen wollen, landet unsere Beziehung in der Kategorie *Trainingslager der Gefühle*.

Der Unterschied zwischen einer normalen und einer karmischen Beziehung besteht darin, dass eine normale Beziehung zu Ende gehen kann – wir bewegen uns vom Verliebtsein bis zum Liebeskummer. Bei einer karmischen Beziehung bekommen wir einen Partner, den wir von vorherigen Leben kennen. Wir werden zuerst geprüft. Da ist Geduld gefragt. Wir sehen, was in unserem Partner steckt, und wir warten so lange, bis er aus seiner Höhle kommt. Von einer unglücklichen Situation, die uns in der Vergangenheit Kummer, Leid und Spannungen bereitet hat, kommen wir zu einem harmonischen Miteinander.

Wie erkennen wir, ob es eine karmische Beziehung ist?

Schon beim Kennenlernen sind eine gewisse Anziehungskraft und Vertrauen spürbar. Viele karmische Beziehungen beginnen am Arbeitsplatz. Bei vielen Beziehungen liegt ein größerer Altersunterschied vor. Alle karmischen Beziehungen brauchen zwei Faktoren: Zeit und Geduld. Dies sind die Schlüssel zur Heilung des Karmas. Wenn Sie das im Vorfeld wissen, können Sie mit gezielten Fragen in Online-Beratungen in der Akasha Chronik zum Grund einer Beziehung kommen. Sie und Ihre Klienten werden dankbar dafür sein, dass sich Klarheit einstellt. Die Heilung in der karmischen Beziehung ist ein Unterbrechen des Kreises der *on-off-Situationen*. Den Partner in Aktion treten zu lassen, gibt ihm die Chance, die Beziehung in Gang zu setzen. Wenn solche Situationen im jetzigen Leben vorhanden sind, erkennen wir durch eine Online-Lesung in der Akasha Chronik leicht die Wurzeln und die Schritte in Richtung Transformation. Die Lebensaufgaben sind klar zu erkennen: lernen los- und zuzulassen, sich freuen und leiden. In der normalen Beziehung sind wir alle zuerst glücklich, danach lernen wir Kummer und Schmerz kennen. In einer karmischen Beziehung ist es genau umgekehrt. Zuerst lernen wir durch Kummer und Trauer Geduld zu haben. Am Ende lohnt es sich, in einer freien, glücklichen Beziehung zu sein. Bei einer Online-Lesung können Sie so gezielte Fragen stellen, die Ihnen zeigen, um welche Art von Beziehung es geht. Glück und Unglück tauschen ihre Plätze.

Die sexuellen Vorlieben und Verhaltensweisen in diesem Leben weisen darauf hin, welche Körperform wir bevorzugen. Die vermisste Erfahrung zeigt die Neigungen in den zukünftigen Inkarnationen eines Menschen. Dadurch erkennen wir zukünftige Leitfäden in der Seelenentwicklung der Ratsuchenden.

In der Sexualität

Das Gesetz des Fließens beherrscht alle Bereiche unseres Lebens, auch die **Sexualität**. Eine der wichtigsten Aufgaben des Lebens ist die Erfahrung mit Sexualität. Wird dies durch Verbote in der Kindheit, Missbrauch oder Erlebnisse aus dem vergangenen Leben blockiert, ist eine sexuelle Beziehung unangenehm und mit Ängsten verbunden. Die Frage »Fließt deine Sexualität oder wird sie blockiert?« muss berücksichtigt werden. Unsere sexuellen Erfahrungen kommen aus den früheren Leben. In diesem Leben ist das Thema für manche Menschen tabu. Es wird bewusst unter den Teppich gekehrt, verdrängt oder verschwiegen. Um das Thema Sexualität kreisen sehr viele persönliche und familiäre Geheimnisse, die über Generationen hinweg bewahrt werden. Der Grund dafür sind wieder die Ängste und Glaubensmuster der Menschen. Um ein künstlich »friedvolles« Klima zu schaffen, wird geschwiegen.

Die Psychologen kategorisieren Sex als Grundbedürfnis neben dem Essen, Schlafen, Atmen und Trinken. Wenn dieses Grundbedürfnis vernachlässigt wird, kommt es in einem Moment unseres Lebens mit voller Kraft zu Konsequenzen, die wir ertragen müssen. Sexualität ist der älteste und geheimste Trieb des Menschen und das Leben aller Menschen wird von ihm beeinflusst. Wir können mit Sex ein erfülltes Leben führen. Das hängt nicht von den Erfahrungen oder der Zahl unserer Partner ab, sondern von der Befriedigung und Quelle der Liebeslust. Da alles, was wir tun, eine Auswirkung hat, kann sich ein solches Thema in diesem Leben manifestieren. Früher nicht ausgelebte sexuelle Situationen zeigen sich und wir müssen sie nachholen. Wie bei der Prüfung. Ich betrachte die sexuelle Vereinigung als bedeutendsten Teil der Liebe, die mit dem Thema Beziehung zu tun hat. In der Natur der Frau liegt es, Männer zu verführen und Eigenschaften wie Mut und Stärke in den Männern zu suchen. In vielen Online-Beratungen äußern die Klientinnen den Wunsch, vom Partner erobert zu werden, um aktiv zu sein. In der Natur des Mannes liegt es, Scheu und Ängste in der Frau zu suchen, wobei er diese Eigenschaften auch selbst besitzt. So ergänzen sich die weibliche und männliche Seite einer Person, welche das spüren und begreifen kann. Sind die eigenen Stärken bewusst, wird es in den Beziehungen leichter und schöner. Je mehr Ängste, Scham und niedriges Selbstwertgefühl wir ablegen, desto erfüllter werden unser Sexualleben und unsere Beziehung. Gemeinsam mit den Kleidern legen wir unnötigen Ballast ab.

Die sexuelle Kraft – wenn sie in reine Liebesgefühle transzendiert wird – kann uns in spirituelle Höhen tragen. Die Energie vom zweiten Chakra gelangt über das Herzchakra und das dritte Auge zum Kronenchakra. Mit dem Sexualchakra und der sich dort befindenden Energie ist unser Charisma verbunden.

In glücklichen und unglücklichen Beziehungen können Partner fremdgehen, was ich häufig in der Online-Beratung zur Akasha Chronik erlebe. Dies in der Lesung abzuklären, bringt Frieden in eine Beziehung. Die Klärung der heutigen Vorstellung von Treue kann jede Beziehung retten. Wie viel Treue brauchen Partner, wenn sie unbedingt beachten, dass Sex ein Grundbedürfnis ist. Es ist unser gutes Recht, dieses Bedürfnis auszuleben. Dies mit Klienten zu klären, entspannt die Situationen. Wenn man offen mit dem Thema Treue umgeht, stellt sich oft heraus, dass es um sexuelles Ausleben geht und nicht darum, nach einem besseren Partner zu suchen, der seelisch zu einem passt. Männer und Frauen gehen unterschiedlich damit um. Männer trennen Sex von Gefühlen, Frauen eher nicht. Sex bedeutet für eine Frau mehr. Für einen Mann bedeutet Sex nur Sex. Sich klar machen, dass Kontrolle in einer Beziehung wenig bringt und es besser ist, sein Leben zu leben und Vertrauen in sich und den Partner zu haben, bringt Menschen weiter. Sich bewusst zu machen, ob man sich selbst und den Partner kennt, kann in einer Online-Lesung in der Akasha Chronik erreicht werden.

Was suchen wir?

Ängste und Schuldgefühle

Ängste sind mit Bedürfnissen verknüpft. Da wir Ich-Bedürfnisse haben, versuchen wir uns so zu verhalten, dass wir von anderen angenommen und akzeptiert werden. Dadurch verlieren wir oft unsere Individualität. Ängste, wie nicht verstanden zu werden, nicht gelobt, nicht belohnt, nicht bestraft zu werden, zeigen uns, was wir brauchen: Aufmerksamkeit. Hier kommt das Wertesystem der einzelnen Person ins Spiel. Unterscheidet sich dieses Wertesystem von jenem der Gesellschaft, fühlen wir uns wie ein Opfer. In sehr vielen Fällen beginnt das Einnehmen der Opferrolle in der Kindheit.

Eine Frau namens Susanne – die jüngere von zwei Schwestern – muss ihren Vater pflegen, da ihre ältere Schwester Sofie weit weg wohnt. Susanne hat vor Kurzem erfahren, dass sie ein unerwünschtes Kind war. Der Vater hatte einen Jungen erwartet. Seine Enttäuschung übertrug er auf beide Töchter, indem er sie wie ein Despot behandelte und Angst und Schuldgefühle weckte. Dadurch gerieten beide Töchter in eine Opferrolle. Die jüngere Schwester machte der älteren ständig Vorwürfe, dass diese sich nicht um den kranken Vater kümmere und dass sie allein die Verantwortung für ihn tragen müsse. Die Übertragung der Gefühle kann oder möchte sie nicht sehen, weil sie in der Opferrolle verharrt.

Alle Versuche von Sofie, für Susanne da zu sein, sind bisher gescheitert. Das belastete Sofie sehr, sie litt darunter. Nach einem Gespräch mit mir entschied sie sich loszulassen. Von Susanne kamen immer wieder Vorwürfe und Klagen gegen den Vater, die sie auf Sofie übertrug. Da Sofie den Kreis unterbrochen hat, fühlt sie sich besser und besser. Sie hat verstanden, dass ausgenutzt werden bedeutet, sich ausnutzen zu lassen. Der Vater verhält sich weiter wie ein Despot, weil Susanne es zulässt. Solche Teufelskreise dauern sehr lange, bis die Seele letztendlich gelernt hat loszulassen und sich zu schützen. Da Susanne die spirituelle Entwicklung nicht verstanden hat und nicht annehmen hat wollen, hat sie es zugelassen, in der Opferrolle zu bleiben. Zu wissen, dass sie unerwünscht war, konnte Susanne nicht akzeptieren. Sofie ließ ihr Zeit und zeigte ihr, dass sie für sie da war. In diesem Fall ist von Bedeutung, welche Wortwahl wir benutzen. Keywords wie »nie«, »ständig« oder »immer« provozieren stets Streit und Komplexe. Die Opferrolle kleiner Kinder oder Erwachsener schreit nach Liebe. Dieser Vater hat nie gelernt, seine Töchter zu lieben, wertzuschätzen und dankbar zu sein, dass er sie in diesem Leben begleiten darf. Seine Seelenaufgabe hat er bis zum hohen Alter nicht verstanden, weil seine Seele wenig Erfahrung gesammelt hat. In diesem Fall ist er das Kind und die Töchter seine Lehrer. Das Spiegelbild der Beziehung in der Familie ist klar und jede Seele hat die freie Wahl, wann und wie lange sie sich entwickelt und wer sie begleitet in früheren, in diesem und in zukünftigen Leben.

Glaubenssätze

Ein Glaubenssatz ist etwas, an das jemand glaubt und das er für wahr hält. Im Neurolinguistischen Programmieren (NLP) sind Glaubenssätze ein Ausdruck innerer Modelle, die jede Person fortlaufend entwirft, um sich in der Welt zu orientieren und zurechtzufinden. Glaubenssätze entwickeln sich durch Erziehung, Vorbilder, Übernahme von anderen und Einflüsse durch das Umfeld.

»Ich muss hart arbeiten.«

»Ich muss schön sein, damit ich geliebt werde.«

»Ich bin nicht gut genug.«

»Ich habe Angst alles falsch zu machen.«

»Ich muss ständig kämpfen, um die Liebe zu erfahren.«

»Ich bin unsichtbar.«

Die Änderung von Glaubenssätzen ist ein bewusster Prozess – sowohl bei den Ratsuchenden als auch beim Berater.

»Ich arbeite so, dass ich Freude habe, meine Stärken einsetze und Pausen mache, um Erfolg zu haben.«

»Ich bin gut, so wie ich bin.«

»Ich mache alles richtig.«

Der erste Schritt in der Online-Beratung in der Akasha Chronik ist, Glaubenssätze zu finden und zu erkennen. Dann folgen Änderung und

Auflösung und am Ende die Wiederholung der neuen, veränderten Glaubenssätze. Somit verändern sich die Nervenbahnen der Synapsen im Gehirn. Regelmäßig zu prüfen, welche Glaubenssätze aktiv sind, zeigt uns unsere persönliche Entwicklung und wie wir uns wohler fühlen können.

Was sind meine Glaubenssätze?

Von wem habe ich sie?

Ist das heute nützlich und förderlich?

Was sind die Glaubenssätze der Klienten?

Wenn Sie die Antworten auf diese Fragen haben, können Sie einen Schritt weitergehen:

Betrachtung der Bilder nach Archetypen der Seele.

Wir sind alle auf einem langen Pilgerweg in diesem Leben und vielen anderen. Auf diesem Weg sollten wir das harmonische Miteinander mit allen Wesen lernen. Das Heilwerden im Herzen beginnt damit, zurückzuschauen, unserer Vergangenheit zu begegnen und unsere Wunden zu heilen.

In der Online-Beratung stelle ich die Fragen immer nach Völkern:

Die Griechen haben ein enormes Erbe in den Bereichen antikes Theater (Tragödien), Mathematik, Rhetorik, Astronomie, Demokratie, Sport und Olympische Spiele hinterlassen. Ihre großen Denker, Philosophen und Lehrer sind Vorbilder, die uns bereichern, wenn wir es zulassen und ihre Erfahrungen und ihr Wissen in der Lesung zu uns holen.

Die Römer, ein Volk der Superlative, das viel von den Griechen, Ägyptern und Karthagern übernahm, geben uns die Vorstellung von einem Staat ohne Grenzen und legten das Fundament für eine zivilisierte Welt. Auch Christianisierung und Völkerwanderung gehören dazu. Die römischen Kaiser setzten Brot und Spiele zum Machterhalt ein.

Die Araber: Die Fähigkeit arabischer Nomadenstämme, eroberte Kulturen zu respektieren, sich ihr Wissen anzueignen und darauf aufzubauen, zeigt sich in ihrer eigenen Kultur. Das Wissen über Viehzucht, Ackerbau, Farben, Kämpfe und Handel hat seine Spuren hinterlassen. Beeindruckende sakrale Bauwerke zeugen von einer ausgeprägten Sonnenkultur.

Die Wikinger waren Krieger, Entdecker, visionäre Händler, welche das Mittelalter veränderten. Alle Fähigkeiten, die sie besaßen, zeigen sich in den Seeleninkarnationen.

Die Germanen: Die Bezeichnung Germanen umfasst zahlreiche unterschiedliche Stämme und Sippen, die in Mittel- und Nordeuropa lebten. Neben den Griechen und Römern gehören die Germanen zu den Ahnen in Europa. Ihre Art zu kämpfen, ihre Bräuche und Sagengestalten sind heute in Fantasy-Romanen präsent.

Die Ägypter sind die erste Weltmacht in der Geschichte. Sie glaubten an ein Leben nach dem Tod und entwickelten die Hieroglyphenschrift, die u. a. für Verwaltungsaufgaben wichtig war. Als Sonnenkultur verehrten sie den Sonnengott Horus, Welten-Lichtgott und Beschützer der Kinder. Als mir bei einer Austauschlesung die Information gegeben wurde, dass ich in einem früheren Leben zu einer Priesterin des Sonnengottes geweiht werden sollte, um ihm zu dienen, wurde mir klar, weshalb mir das Vertrauen zu den Männern fehlte. Die Durchtrennung der energetischen Blockaden, die in der Chronik gespeichert wurden, gibt der Seele die Möglichkeit, sich weiterzuentwickeln und zu lernen.

Die Kelten gehören zu unseren Vorfahren. Sie glaubten an Seelenwanderung sowie ein Leben nach dem Tod. Die Druiden besaßen übersinnliche Fähigkeiten, um mit den Göttern zu kommunizieren.

Die Karthager waren eine einflussreiche Handelsmacht in der Antike. Sie bauten Städte und Häfen, betrieben Handel über große Entfernungen und waren maßgeblich an der Erweiterung des Mittelmeerraumes beteiligt. Ihre wichtigste Errungenschaft ist die phönizische Schrift, Ursprung aller westlichen Alphabete.

Die Inka waren ein Volk mit Sonnenkultur. Die heutigen Staaten Peru, Ecuador und

Bolivien waren Teil des alten Inkareichs. Wie alle Sonnenkulturen verstanden sich die Inka als Teil einer lebendigen Einheit von Sonne und Erde. Sie waren Kinder von Sonne und Erde und eine Manifestation von Licht und Erde. Die Inka wollten zurück zu den Wurzeln. Den Geist der Bäume zu spüren und mit ihm zu sprechen, Kommunikation mit Bergen, Flüssen und Tieren – all das hatte für sie Bedeutung. Das Herz der Erde können wir heilen, wenn wir beginnen unser eigenes Herz zu heilen. Das fünfte Element der Erde – die Liebe – kommt aus dem Herzen der Natur. Der Kondor war das Krafttier der Inka. Sie glaubten, dass wir alle Kinder des großen Lichts seien und es unsere wahre Natur sei, wie die Sonne zu strahlen. Es wurde das Sonnen- und Mondwissen gelehrt. Die weibliche Weisheit brachte das Verständnis für die Gesetzmäßigkeiten der Natur. Die Inka sprachen mit den Pflanzen, ehrten sie und betrachteten sie als Geschenk der Mutter Erde. Alles geschieht in Kreisläufen und nichts geht verloren.

Die Maya: Sonnenkultur. Alles in der Natur ist beseelt und reagiert auf jede Art von Zuwendung. Die Natur ist alles: Tempel, Familie, Schule. Es gilt, die Gesetze der Natur zu lernen. Wir alle tragen in uns eine Sonne, die erwacht, wenn wir aus dem Herzen leben. Unsere innere Sonne öffnet das Tor zu den Weisheiten unseres Geistes und lässt uns die Schranken des Unbewussten durchbrechen. Es ist an der Zeit, den Raum der Vergangenheit zu besuchen. Ohne die Weisheit der Ahnen ist das nicht möglich.

Die Chinesen: Sonnenkultur mit geheimem Kosmos und sich ewig wiederholenden Ritualen. Mächtige Krieger, grausame Taten sowie die Unterdrückung anderer Völker kennzeichnen die ganze Geschichte der Chinesen – zusätzlich auch noch Visionen und genaue Planung bei Projekten. Nichts wurde dem Zufall überlassen. Beim Bau eines Gebäudes hatte jedes Detail eine rituelle Bedeutung. Spuren lesen, fallen lernen, im richtigen Moment handeln, sich selbst vertrauen, rücksichtslos und zielstrebig eigene Vorteile nutzen und das Schicksal in die eigenen Hände nehmen – das alles ist das Welterbe, das uns die Chinesen hinterlassen haben. Und noch viel mehr – das Wissen um die Herstellung der Seide, Meditation und tiefer Glaube, Loyalität und Integrität.

Mongolen wurden »die aus der Hölle kommen« genannt. Sie waren Geschickte Staatslenker und Führer, Händler und Krieger zwischen Ost und West. Die Viehzucht ist ihre Lebensgrundlage. Tiere liefern ihnen alles. Die Natur ist ihre Existenzgrundlage. Reiterkrieger, leicht, beweglich, schnell und brutal.

Extragruppe:

Naturwesen: Feen, Devas und Elfen (als Wahrsagerinnen oder Schicksal) sind kleine geisterhafte Fabelwesen, ein naturverbundenes Volk, das gerne tanzt. Werden oft mit Flügeln dargestellt. Die Kleinen (Zwerge), Tiervölker und Elementarwesen zählen auch dazu.

Ziel einer Online-Lesung in der Akasha Chronik ist das Erkennen einer Seelenaufgabe: loslassen, vergeben, lieben lernen, für andere und sich selbst da sein, lehren/begleiten / unterstützen. Diese Aufgaben und viele weitere sind in jeder Seelenentwicklung verankert.

Aus der Seelenkarte, die ich entwickelt habe, kommt die Information, aus welchen Ländern oder Kontinenten eine Seele zu uns kam. Oder von einem anderen Planeten, von Elementen. Nach Elementen deute ich die Bewegung der Seele als Persönlichkeitstyp nach Fritz Riemann (»*Grundformen der Angst*«), um herauszufinden, was noch in diesem Leben aktiv ist. Stufen der Transformation: Erkennen, annehmen, transformieren, loslassen.

Aus Zukunft und Vergangenheit sein Wissen und Können ins Jetzt holen geschieht mit einem Gebet, das für jeden unterschiedlich ist und von Meistern und Lehrern in der Online-Beratung gegeben wird. Das Wissen aus Vergangenheit und Zukunft aktiv zu holen und zu nutzen erhöht die Schwingungsfrequenzen. Wie wir wissen, ist die Zeit variabel, dehnbar, nicht linear. Die parallel gespeicherte Information in den Lichtbüchern können Sie mit Leichtigkeit in der Online-Beratung nutzen, wenn Sie die Grundlagen von Wissen, Wahrnehmungsvermögen, Konzentration, Atmung und Intention beachten – zum Wohle des Ganzen.

Der nächste Schritt des Gebets ist, den göttlichen Bauplan sich klarer enthüllt und uns jetzt sowohl die Mittel als auch vollkommen geeignete Mitspieler zur Verfügung gestellt werden.

Korb mit Geschenke-Tools für Sie und Ihre Klienten

Nach einer Online-Lesung ist die Welt für Sie und Ihre Klienten anders. Sie verstehen die Zusammenhänge besser und haben tief in sich eine Vorstellung wie es weitergeht. Sie haben mehr Vertrauen in sich und die Fähigkeit Ihren Weg zu gehen.

Achtsamkeit wird ein ständiger Begleiter sein. Das Universum wird sich in verschiedenen spirituellen Gesetzen manifestieren. In der Zeit der Corona-Krise entstanden neue Tools und Wissen, wie man mittels Facebook, Instagram und Skype effektiv kommuniziert. Es wurden viele Apps entwickelt, mit denen kontaktfreudige Menschen aus der Distanz miteinander kommunizieren können. An einem Sonntagabend schaute ich auf Instagram zwei junge, fotografiebegeisterte Menschen – einen Hobbyfotografen und ein Model – bei einem Livestream an. Der junge Mann war fast die ganze Zeit mit seinen schönen Haaren beschäftigt. Gleichzeitig sprach er mit dem Model. Ich wollte mich auf das Gespräch konzentrieren, aber die Gesten störten mich und ich habe mich ausgeschaltet. Einen Tag später wusste ich, dass mir der magische Spiegel des Universums zeigte, dass ich nicht nach Fehlern suchen muss, sondern locker, frei und spielerisch werden soll. Die Zeichen, die uns geschickt werden, übersehen wir manchmal, weil wir entweder zu sehr auf das Geschehen fixiert oder nicht achtsam genug sind. Möchte das Universum unsere Aufmerksamkeit auf etwas lenken, dann zeigt es uns drei Spiegel, auf die wir schauen können. Sehe ich links oder rechts von mir drei schwarze Vögel, dann weiß ich, dass ich durch den Kontakt mit der Natur mehr Farbe, Leichtigkeit und Harmonie finden kann. Begegne ich in der Stadt nur alten Menschen, die sich in meiner Nähe befinden, so zeigt mir dies, dass ich auf meine Vitalität und Bewegung achten muss. Durch das Beobachten des Äußeren verändern wir das Innere. Jeder Mensch, der uns begegnet, zeigt uns einen Aspekt von uns selbst. Die Menschen, die wir mögen, und auch jene, die wir nicht mögen, sind immer etwas Wertvolles. Sie bringen uns ein Geschenk – die Erkenntnis, was wir in uns verbessern können. Damit wir es sehen können, müssen wir achtsam und bewusst durch das Leben schreiten. Dies ist ein Prozess der Entwicklung unserer Seele.

Bewusst die Elemente wahrnehmen

Die Elemente bergen in sich eine Botschaft in einer Situation. **Wasser** spiegelt wider, was mit unseren Emotionen und unserer Spiritualität geschieht. Wenn es nur tropft, brauchen die Emotionen Bewegung, um zu fließen. Wenn das Waschbecken zu Hause verstopft ist, ist unser Leben ins Stocken geraten. Flüsse, Seen und Ozeane repräsentieren die Kraft eines Ortes oder eines Gebiets.

Feuer spiegelt Frieden, wie bei einem Lagerfeuer, oder einen außer Kontrolle geratenen Brand wider. Die Wut der Bewohner wird widergespiegelt.

Luft hat ein enormes Potenzial und eine große Bedeutung in unserem Leben. Sie bringt Kommunikation mit sich selbst und anderen und viel Neues. Wir leben in und mit den Elementen Wasser und Luft. Eine leichte Brise kündigt neue Situationen an. Ein Hurrikan fegt das alte Denken weg und bringt Neues mit.

Erde ist der Grund, auf dem wir leben, das Fundament. Ein Erdbeben zeigt uns, dass die Grundlage unseres Lebens nicht sicher ist. Es kommt eine neue Etappe des Wachstums, die wir gerne dankbar annehmen können.

Jeder Teil Ihres **Autos** zeigt einen Aspekt von Ihnen. Die Scheinwerfer funktionieren nicht

– Sie wissen nicht, welchen Weg Sie in Ihrem Leben einschlagen sollen; der Lack ist beschädigt – Sie fühlen sich mitgenommen; versagen die Bremsen? Dann hören Sie auf mit etwas, was Sie tun; Wird das Auto gestohlen? Ihnen werden die Beweglichkeit und die Hoffnung genommen und Sie kommen in eine neue Lebensphase. Um die Spiegelung herauszufinden, sprechen Sie darüber, was der jeweilige Teil des Ganzen tut. Erst dann wird klar, was momentan geschieht.

Tiere repräsentieren in der Online-Lesung in der Akasha Chronik die Eigenschaften, Wünsche und Qualitäten der Klienten. Hunde spiegeln die Privatpersönlichkeit der Besitzer wider, Katzen reflektieren die Arbeitsweise der Besitzer.

Alle Tiere, Pflanzen und Bäume repräsentieren generell Eigenschaften. Was auch immer in Ihrem Leben auf Sie zukommt: Schauen Sie in den Spiegel und erkennen Sie, was das Ereignis Sie lehren kann. Die Deutung hängt von Ihnen ab. Möchten Sie Ihre eigene Projektion finden, sprechen Sie über die Personen oder Situationen. Um den Aspekt, den Sie in Ihrem Leben angezogen haben, herauszufinden, können Sie aufspüren, wie Sie sich fühlen. Nach innen schauen, die Kontrolle abgeben und sich selbst verändern – all das bringt einen weiter. Eine Klientin hatte eine karmische Beziehung. Sie hatte ein paar Jahre mit ihrem Partner zusammengelebt, bevor er sich von ihr trennte.

Jedes Wochenende fuhr sie mit ihrem Auto zum Haus ihres ehemaligen Freundes, um zu sehen, ob das Auto der neuen Partnerin davor stand. Die Transformation der verletzten Gefühle und des Trennungsschmerzes verzögern sich, wenn wir uns immer wieder bewusst oder unbewusst in die vergangenen Situationen hineinversetzen. Solange wir das tun, kommt kein Frieden in unsere Herzen. Die Klientin hat Sehnsucht nach Zweisamkeit und Liebe, was verständlich ist. Frauen sehnen sich nach Emotionen, Männer nach Sex. Der beste Weg vorwärts zu gehen ist, die Spiegelung zu verstehen, anzunehmen und für sich eine Entscheidung zu treffen. Mit Vollgas ein neues Projekt oder neues Hobby zu beginnen oder voller Energie neue Ideen in die Familie einzubringen, holen uns zu uns selbst, geben uns das Gefühl, wertvoll und einzigartig zu sein. Das Wachstum geschieht durch Klarheit. Die Klarheit über jeden Menschen oder jede Situation bringt Frieden im Herzen und Liebe.

Schlaf

Während wir schlafen, werden unsere Seelen auf den neuesten Stand gebracht. Die nächsten Schritte in unserem Leben werden angezeigt. Ob wir das annehmen, ist unserem freien Willen überlassen. Auch neue Seelenverabredungen sind möglich. Möglich ist, dass wir eine schnelle Bewusstseinsentwicklung machen, die uns erlaubt, neue Seelen in unser Leben zu ziehen oder neue Begegnungen zu haben. Wie wir eine andere Person in unseren Bann ziehen können, sodass es für beide Seelen passt, wird uns ebenfalls gezeigt. Das geschieht oft in Beziehungen. So durchläuft die andere Person eine schnelle Entwicklung, um unsere Schwingung zu erreichen und mit uns in Harmonie zu kommen.

Träume

Wenn ich aufwache, bleibe ich noch ein bisschen im Bett liegen. Es hat lange gedauert, bis ich meine Träume für Sekunden ausdehnen konnte, um die Botschaften der geistigen Welt in meinem Bewusstsein behalten zu können. Ich habe Sprachcodes benutzt. Ein Wort als Code für den erlebten Traum. Eines Morgens, es war Ostermontag, hatte ich kurz vor dem Aufwachen einen seltsamen Traum. Ich befand mich in einem Raum so ähnlich wie eine Bibliothek. Ich sah zwei Regale mit Büchern. Sie waren nicht vollgestopft, sondern sehr übersichtlich. Gleich groß und ich konnte alle Bücher, die dort standen, sehen. Eine Frau zeigte mir ihr Bücherregal. Sie war eine Lehrerin aus der geistigen Welt. Ich fragte nicht nach ihrem Namen, denn im Moment war das für mich nicht wichtig. Ihr Bücherregal war das linke. Sie zeigte darauf und sagte: »Hier sind meine Bücher. Die Lieblinge stehen rechts, sortiert von oben nach unten.« Danach zeigte ich auf mein Regal. Ich konnte die Bücher sehen. Rechts habe ich eine erstaunliche Entdeckung gemacht. Ein Buch war zweimal vorhanden. Als mir das bewusst wurde, fragte ich, welchen Sinn es hat, mir so etwas zu zeigen. In mir kam die Information, dass der Traum eine Verbindung zu den spirituellen Gesetzen hat. Mit dem Sprachcode sah ich zuerst zwei Wörter

– Klarheit und Verantwortung. Die Gesetze sind mit Loslassen und Reinigung verbunden. Ich stand auf und schrieb mir sofort die Erkenntnisse auf. Dann fand ich das Buch, das ich brauchte, und las über diese Gesetze. Jedes Buch in meinem Regal war ein Lebensabschnitt, in dem Emotionen, Gedanken, Ängste, Hemmungen und Schamgefühle gespeichert wurden. Die zwei gleichen Bücher zeigten, dass es nicht bewältigte Ängste gab, verbunden mit Emotionen und Schmerz, die ich noch loslassen musste. Mir war klar, worum genau es ging – die Beziehungen zu Männern. Ein paar Minuten später war ich mit dem Notizheft in der Hand in meiner Akasha Chronik. Die Zeichnung, die ich danach machte, enthält die Sprachcodes zur Erinnerung. Das brauchen Sie und Ihre Klienten, weil die Information, die zu Ihnen strömen wird, gewaltig ist. Die Fähigkeit zu erlernen, wie man mit so viel Information richtig umgeht, ist von enormer Bedeutung. Nur mit Sprachcodes ist es möglich, Klarheit zu bekommen, um das Geschehen zu verstehen, anzunehmen und zu sortieren. Was bringt mir oder meinen Klienten diese codierte Botschaft, was kann ich aus ihr lernen? Später, als ich draußen auf dem Balkon meinen Morgenkaffee trank, wurde mir bewusst, wie wunderbar und aufregend mein Leben geworden war – mit den Online-Beratungen in der Akasha Chronik.

Ein Gespräch mit meinem Sohn über die Heimat und das Heimatgefühl drehte sich um einen Wunsch und eine Frage gleichzeitig – warum bauen Menschen Häuser? Weil sie das Gefühl haben, ihnen würden die Sicherheit und Geborgenheit eines Raumes fehlen, menschliche Nähe, Zärtlichkeit und Liebe. Was sind die Gründe ein Haus zu bauen? Mein Sohn fand ein Beispiel dafür im Animationsfilm »Oben«. Er erzählte mir kurz die Handlung.

Es geht um ein Ehepaar und darum zu verstehen, was im Leben wirklich wichtig ist. Der Mann ist der Protagonist des Films. Seine Frau wünscht sich ein Haus neben einem Wasserfall in Südamerika. Der Mann verspricht seiner Frau, das Haus zu bauen, kann das jedoch zu ihren Lebzeiten nicht realisieren. Erst später bringt er sein altes Haus mit Tausenden von Luftballons zum Fliegen und landet damit genau an dem ersehnten Ort. Der Mann blättert noch einmal durch das Abenteuerbuch, das seine Frau gestaltete. Er findet darin nur Fotos von ihnen beiden und begreift endlich, was ihm im Leben wichtig ist – seine Frau und die Liebe zu ihr. Sie ist tot, aber das Buch liegt lebendig vor ihm.

Das Gespräch mit meinem Sohn war sehr aufschlussreich, um zu sehen, wie die Kristallkinder die Werte und den Sinn des Lebens verstehen. So wurde das kleine Bücherregal, das mir meine Lehrerin gezeigt hatte, ein Buch in einem großen Buch – der Akasha Chronik, dem Quantenfeld, das alles in allem umgibt und verbindet. Dort wirken zwei energetische Grundgesetze – Konvergenz und Divergenz. Dies war auch in meiner Zeichnung zu erkennen. Dieses energetische Prinzip der spiralförmigen Entwicklung jeder Seele ist in jeder Dimension und Zeit wirksam.

All unsere Träume sind ein Geschenk in unserem Korb der Dankbarkeit. Es ist uns gegeben, dies zu sehen, zu verstehen, zu ordnen und die geistigen Gesetze anzuwenden. Das Buch unseres Lebens schreiben wir uns selbst – unterstützt von Meistern und Lehrern der geistigen Welt.

Die Farben der Emotionen

Was sind Farben? Farbe ist ein durch Augen und Gehirn vermittelter Sinneseindruck, der durch Licht hervorgerufen wird, genauer durch die Wahrnehmung elektromagnetischer Strahlung der Wellenlängen von 380 bis 760 Nanometern.

Was sind Emotionen? Für viele Menschen sind die beiden Begriffe *Emotionen* und *Gefühle* gleichbedeutend. Es liegt jedoch ein Unterschied zwischen Emotionen und Gefühlen auf der Hand.

Emotionen sind das, was uns bewusst ist und was sichtbar ist. »Ich bin glücklich!« oder »Ich bin sauer.« Die Emotionen werden über die Stimme transportiert. Gefühle sind unbewusst und man kann sie nicht sehen. Wir sagen »Ich fühle mich traurig.«

Das *Gabler Wirtschaftslexikon* gibt uns folgende Definition von Emotion: »Innere Empfindung, die angenehm oder unangenehm und mehr oder weniger bewusst erlebt wird, z. B. Freude, Angst, Kummer, Überraschung.« Welche Verbindung gibt es zwischen Farben und Emotionen? Wie wirkt sich diese Verbindung auf unseren Zustand aus und wie können wir es schnell regulieren, in Harmonie bringen?

Finnische Wissenschaftler haben herausgefunden, dass die körperlichen Empfindungen tatsächlich mit Emotionen verbunden sind. In einem Versuch veranschaulichte dies eine Skala mit farbigen Markierungen von Gelb (maximale Aktivität der Emotion) über Rot (mäßige Aktivität) und Schwarz (keine Aktivität) bis zu Blau (negative Aktivität). Die Probanden markierten anhand der Farben auf einer Abbildung, was bei ihnen verschiedene Bilder, Filme und Geschichten ausgelöst hatten.

WUT – Wir sind in einem Kampfmodus auf Leben und Tod. Ein Teil des vegetativen Nervensystems ist besonders aktiv. Die Fäuste sind geballt (gelb), die Spannung reicht bis unter die Schädeldecke (gelb). Wut steigt uns in den Kopf.

SORGE – Bei Sorge versetzen wir unseren Körper in Panik, Kopf (rot). Sorge konzentriert sich auf den Brust- und Bauchraum (gelb). Alles scheint verhärtet zu sein. Unsere Arme sind neutral und die Beine fühlen sich schwach an.

ANGST – Im Bereich des Oberkörpers (rot) und am stärksten um das Herz (gelb) herum spürt man die Angst. Empfindungen der Enge, Anspannung und Druck sind typische Signale. Die Hormone lassen uns einen Schauer über den Rücken laufen.

SCHAM – Kaum ein anderes Gefühl ist so überwältigend. Schwitzen, Hitze steigt in Brust (rot) und Kopf (rot, Augen gelb) auf, bis wir am liebsten im Boden versinken wollen. In Arme und Beine kommt ein Gefühl von Schwäche (blau).

VERACHTUNG/EKEL – Erregung im Kopf (rot), bei der Verachtung oder Ekel in den Händen (rot) zu spüren ist. Im Becken gibt es eine abgeschwächte Aktivität (blau), ähnlich wie beim Neid.

NEID – Neid findet in unserem Kopf (blau) statt. Anspannung im Brustbereich (blau) und im Beckenbereich (blau) ist zu spüren. Der Rest des Körpers bleibt neutral.

DEPRESSION – Das Gefühl, sich in einem tiefen Loch zu befinden und von den Emotionen abgeschnitten zu sein. Die Arme (blau, rosa) und Beine (blau, rosa) fühlen sich schwach und kraftlos an. Falls die Depression stark ausgeprägt ist, werden im Oberkörper keine Empfindungen wahrgenommen.

STOLZ – Dieses Gefühl gehört zu den selbstbewussten Emotionen. Es ist vor allem im oberen Bereich des Körpers (rot, gelb) zu spüren. Reine Energie fließt durch unseren Körper, wir richten uns auf und strecken die Brust heraus.

ÜBERRASCHUNG – Der Kopf (rot, gelb) und die Brust (rot, gelb) fühlen sich so an, als würden sie explodieren. Das Herz (gelb) fühlt sich an, als sei es für einen kurzen Moment stehen geblieben. Arme (blau) und Beine (blau) bleiben neutral.

LIEBE – Die Liebe wirkt sich auf den ganzen Körper aus. Wärme durchflutet die Organe. Am stärksten sind Kopf (rot, gelb), Herz (gelb) und Beckenbereich (rot, gelb) betroffen. Füße und Waden spüren wir kaum.

Wenn Sie diese Informationen nutzen, können Sie die Empfindungen im Körper bei einer Online-Lesung in der Akasha Chronik und danach lokalisieren und die Emotionen transformieren. Achtsamkeit und bewusster Atem helfen dabei, uns selbst besser wahrzunehmen. Seien Sie geduldig mit sich und Ihren Klienten. Am Ende zahlt sich alles aus, was wir auf diesem Weg über uns oder die Klienten als körperliche Empfindung erfahren haben werden. Diese Erfahrungen mit dem eigenen Körper sind ein wichtiger Baustein für gelungene Beziehungen und eine erfüllte Sexualität. Nur wenn wir achtsam mit uns selbst und unseren Partnern umgehen, können Missverständnisse aus dem Weg geräumt werden. Bei den Online-Lesungen in der Akasha Chronik sind alle Situationen mit Beziehungen und Sexualität verbunden. Beziehungen zu uns selbst und zur Welt – zu unseren Familienmitgliedern, Ahnen, Freunden, Bekannten, Nachbarn und Fremden. Unausgesprochene Erwartungen und Bedürfnisse führen zu Ängsten. Wenn wir eifersüchtig sind, haben wir Angst alleine zu sein. Wenn wir uns nicht genug geliebt fühlen, haben wir Angst, dass wir weniger bekommen als wir geben.

Dankbarkeit/Segen

Unsere ausgesprochenen und unausgesprochenen Gedanken sind Energie, die ein Symbol im Äther (Akasha Chronik) erzeugt. Sie bilden vollkommene geometrische Figuren (heilige Geometrie), die dazu dienen, die Türen zum Überfluss im Universum zu öffnen. Dankbarkeit und Segen sind Energien, die strahlen. Wenn die heilige Energie den göttlichen Gedanken entspricht, reagiert das Universum, indem es die Wünsche unserer Seele mit Reichtum überflutet. Wenn wir dankbar für etwas sind, kommt mehr davon zu uns. Wenn Sie einen Balkon oder Garten haben, Bücher geschrieben oder schöne Fotos gemacht haben und Vergrößerung und Entwicklung möchten, sollten Sie zunächst das, was Sie haben, so schön wie möglich machen und dankbar dafür sein. Sie haben dem Universum nämlich gezeigt, dass sie es verdienen, einen größeren Garten zu haben, einen Bestseller zu schreiben oder ein Starfotograf zu werden.

Dankbarkeit und Segen spreche ich in der Online-Lesung in der Akasha Chronik, um sie zu schließen. Dankbarkeit können Sie als »Danke«, »Namaste« oder durch ein eigenes Gebet oder Sätze äußern. Die Segnung wird mit einfachen Worten gesagt: »Ich segne dich/Sie ...« Atmen Sie ein paar Mal tief ein und aus und richten

Sie Ihre Aufmerksamkeit auf das Hier und Jetzt. Wenn die Klienten es wünschen, können Sie einen weiteren Online-Termin vereinbaren und die Möglichkeiten zeigen, wann und wie sie gefunden werden. Eine Diskussion zu beginnen oder die aufgearbeiteten Emotionen neu zu besprechen wäre der falsche Weg. Nach dem Gespräch mache ich mir Notizen in meinem Akasha-Notizbuch oder Motivationsbuch. Bitten Sie Ihre Klienten, Ihnen innerhalb der nächsten zwei Wochen ein kurzes schriftliches Feedback zu geben. Die Früchte Ihrer Arbeit sind wertvoll – sowohl für Sie als auch für Ihre Klienten. Manchmal reichen zwei Sätze, um das Erreichte zu beschreiben und die Dankbarkeit zu äußern.

Seien Sie mit Herz und Seele in der Online-Lesung in der Akasha Chronik. Mir kommt in diesem Zusammenhang meine Skandinavienreise bis zum Nordkap in den Sinn. Ich war mit dem Bus unterwegs und als wir trotz der modernen Navigationssysteme irgendwo in der menschenleeren finnischen Landschaft stecken geblieben waren, hörte ich unseren Busfahrer sagen: »Ich liebe meinen Job, habe ich euch das schon mal gesagt?!« Wir lachten alle und wussten, dass wir nicht verloren waren und dass der Busfahrer den Weg finden würde. Seit diesem Moment sagte er in schwierigen Situationen immer diese magische Formel. Es war wie ein Code für die Verbindung mit der heiligen Geometrie, um die Aura zu vergrößern und das Gewünschte in Erfüllung gehen zu lassen. Ihre Dankbarkeit wird mehr von dem anziehen, was Sie sich wünschen – Job, Wohlstand, Haus, Auto, Gesundheit u. a. Wie reagiert ein Mensch? Ist er dankbar oder nimmt er alles als Selbstverständlichkeit? Ist er bereit zu sagen »Dankeschön, ich werde mein Bestes geben« oder schlicht »danke«? Oder geht er einfach schlafend in seinem Leben weiter. Dankbarkeit zu zeigen ist eine Verantwortung gegenüber dem Universum und gleichzeitig eine Chance, dessen Geschenk anzunehmen. Ihre Basis- und Sakralchakren öffnen sich, Sie fühlen sich leicht, wohl, geborgen, vertrauensvoll und sind bereit, die Dankbarkeit zu empfinden und auszusprechen, und zwar sowohl mit Gedanken als auch mit aufrichtigen Worten. Ein Dankbarkeitsritual in Form eines Briefes, Bildes, Fotos, Blumenbeetes, Liedes, einer Geschichte oder eines Spaziergangs sind der wunderbare Ausdruck Ihrer Dankbarkeit und ein Geschenk für Ihre Offenheit, die göttliche Liebe zu empfangen. Visualisierungsübungen und Meditation in all ihren Formen können Sie sowohl für materielle Dinge als auch für spirituelle Erfahrungen erfolgreich nutzen. Hier ist Ihr Wahrnehmungsvermögen bei der Online-Lesung gefragt und was Sie als geistige Geschenke für sich oder Klienten empfangen.

Wenn Sie einen Tipp, eine Idee oder Inspiration geben, sind Sie verpflichtet, die Herkunft dieser Informationen zu prüfen. Woher die Information kommt, ist der Hinweis, ob Sie in der Akasha Chronik sind oder abweichen und eine niedrige Frequenz senden. Ich frage immer, woher diese Information kommt – von mir oder von Meister und Lehrer. Erst dann können Sie sich durch Atmung und ein kurzes Gebet wieder ausrichten. Unsere Wahrnehmungen sind eine Ausdrucksform der Sinneskanäle. Mit Konzentration, Achtsamkeit und Intention ist der Moment fühlbar, in dem Sie in der Akasha Chronik sind. Die Energie konstant zu halten, um auf diesem Level der Schwingungen zu bleiben, ist für die Klienten unsichtbar. Wenn Sie Zeit dafür brauchen, sich neu einzurichten, sagen Sie das dem Klienten. Das mache ich in jeder Online-Lesung. Der Ratsuchende wird es verstehen und mit Freude die geistigen Geschenke von Meister und Lehrer annehmen.

Angst – Liebe

Ängste hat jeder Mensch. Zu viele Sorgen, stecken gebliebene Emotionen oder eine Opferhaltung belasten unser Nervensystem. Es gibt verschiedene Ursachen von Angst: Stresssituationen, nicht gelebte Träume, Arroganz, magnetische Felder, körperliche Krankheiten aus heutigen oder früheren Leben u. a. Das alles wird in unserem Inneren (*inneres Kind*) gespeichert. Durch jede Stresssituation geht ein Seelenteil von uns weg. Die Energie wird weniger und weniger, wir fühlen uns seelenlos. Durch Meditation und bewusste Haltung können wir diese verlorenen Seelenanteile zurückholen. Unser Partner trägt auch dazu bei (Sexualität), dass wir uns besser fühlen. Letztes Jahr besuchte ich zum ersten Mal Griechenland. Ich erholte mich auf einer Insel südlich von Athen. Am Ankunftstag, als ich auf der Terrasse des Hotels saß, um das Meer zu meinen Füßen zu genießen, hatte ich das Gefühl, nach Hause gekommen zu sein. Ein solches Gefühl kannte ich von vielen Ländern, in denen ich gewesen bin: Island, Sizilien, Finnland, Ägypten u.a. Der Gedanke ließ mich nicht los und ich kontaktierte eine Kollegin, um eine Austauschlesung zu machen. Sie berichtete mir von früheren Leben in Griechenland, die glücklich waren, aber auch einigen, die Stresssituationen ausgelöst hatten. In einem Leben war ich verfolgt worden und hatte mich ins Meer gestürzt. Ich bekam meinen Korb mit Geschenke-Tools, wie ich meine verlorenen Seelenanteile zu mir holen konnte. Endlich verstand ich, warum ich Angst vor Wasser habe und woher das kam. Bei der Online-Lesung in der Akasha Chronik ist es von Bedeutung, die Ängste aus den stattgefundenen Situationen abzufragen und sie aufzuschreiben. Die Klarheit, wovor Sie oder Ihre Klienten Angst haben, bringt Sie einen Schritt weiter. Lassen Sie die Ängste durch Emotionen fließen. Wenn Sie weinen können, weinen Sie. Wenn Sie wütend sein möchten, lassen Sie es zu. Ich erlebe sehr oft in Online-Lesungen in der Akasha Chronik, wie die Ratsuchenden weinen oder lachen. Es stellt sich danach Erleichterung ein.

Aufgrund zunehmender Distanz in dieser Zeit projizieren wir vieles auf unser Umfeld. Wir neigen dazu, nicht integrierte **unbewusste Seelenanteile nach außen zu projizieren**. So wird ein Mensch im Kollektiv oder in der Familie zum schwarzen Schaf oder Sündenbock. Er spürt auch die wachsende Distanzierung der anderen. So entsteht auf beiden Seiten ein Teufelskreis. Bei einer Online-Lesung in der Akasha Chronik besteht die Chance, die wahren Gründe dafür zu finden. Die Erforschung des biografischen Hintergrunds des Klienten oder des eigenen gibt die Information dafür, wie Sie damit umgehen können. Die Kommunikationsschwierigkeiten können Sie sowohl in den Übergängen von einem Lebensabschnitt zum nächsten suchen – Kita zur Schule, Kindesalter zur Pubertät – als auch in der Schule, der Universität und am Arbeitsplatz. In der Lebensgeschichte schizoider Persönlichkeiten entdecken wir zu große Ferne, Gleichgültigkeit, den Mangel an körperlicher Nähe und Zärtlichkeit. Als Kind wurde die Seele alleingelassen, von mehreren Personen betreut und erlebte keine echte Zuneigung. Bei richtiger Fragestellung erfahren Sie in einer Online-Lesung die Angst alleine zu sein, verlassen zu werden, nicht angenommen zu werden usw. Fragen Sie, wenn Sie etwas nicht verstehen und Ihnen die Verbindung zu dem Thema fehlt. Ein Mangel an Lebenstechnik führt zur Einnahme der Rolle des Persönlichkeitstyps *Außenseiter*. Dies ist als Hilferuf zu verstehen und ein wichtiger Hinweis auf einen Mangel an Liebe. Auf solch einer Basis entwickelt sich diese Grundform der Angst, die Furcht vor Hingabe und Nähe, bei der Einsamkeit als Wert erlebt wird. Die Organe des Kontakts und Austausches – Haut und Lungen – können angegriffen werden – asthmatische Beschwerden und Ekzeme, Durchblutungsstörungen und übermäßiges Schwitzen sind die Folge. Seien Sie hier sehr vorsichtig. Wir sind keine Ärzte und keine Therapeuten, sofern wir keine Ausbildung in diesen Bereichen haben. Es ist immer auf die Spezialisten hinzuweisen und die Verantwortung in die Hand der Klienten abzugeben.

Die Online-Lesung gibt Ihnen die Möglichkeit, den Kontrast Angst – Liebe zu erkennen, anzunehmen und zu verändern.

Das innere Kind

Das innere Kind hat eine Heimat, die Liebe. Unser inneres Kind ist ein Universum, das mit sich selbst und mit allem verbunden ist, und zwar bereits als Fötus im Mutterleib. In jeder Entwicklungsperiode entwickelt sich eine bestimmte Fähigkeit oder, besser gesagt, erwacht diese Fähigkeit zum Leben. Unser inneres Kind ist mit unserem Leben eng verbunden. Schauen Sie, welchen Beruf Sie haben, wovon Sie in der Kindheit geträumt haben und was vergessen wurde. Die Schleier der Vergessenheit von diesem Leben und von den vergangenen Inkarnationen zu entfernen ist eines der wichtigsten Ziele bei einer Online-Lesung in der Akasha Chronik. Um zur Leichtigkeit des Seins eines Kindes zu kommen, müssen wir durch das Wasser des Annehmens und Vergessens schwimmen, um an das Ufer der Freundlichkeit, des Friedens mit sich und anderen und des Spielerischen im Leben zu gelangen. Die Verbindung zu unserem Beruf und alle Tätigkeiten, die wir in diesem Leben erledigen müssen, sind eine Reflexion des inneren Kindes. Bei einer Lesung können wir Fragen stellen, was genau aus der Situation in der Kindheit das ist und wie Sie es transformieren können. Die Veränderung geschieht auf allen Ebenen des Seins der Fragenden. Es dauert so lange, wie es dauern soll. Die Gedanken, die sich nach der Online-Lesung bei den Klienten einstellen, und alle Emotionen werden von Meistern und Lehrern begleitet. Es liegt am Einzelnen, ob er sich Notizen macht, eine Pflanze setzt, ein Bild malt oder einen Dankbarkeitsspaziergang in der Natur unternimmt. Die Spontaneität ist die Freiheit unserer Intuition, tätig zu werden. Sie hören auf Ihre Sinne, öffnen Ihre Wahrnehmung und genießen den Tag. Sie zaubern vor dem Spiegel ein Lachen auf das Gesicht – zuerst für sich und dann für die Welt – und wissen, dass Sie nie allein sind und keine Angst haben, allein zu sein. Als Kind war ich sehr schüchtern und hatte Angst allein zu sein. Wir wohnten am Rand eines Waldes und ich schaute abends immer mit besorgtem Blick nach draußen, bis meine Mutter kam und mir ein Lied vorsang. Solche Momente erlebt jedes Kind. Das Streben nach Sicherheit, Geborgenheit und Verständnis anderer tragen Kinder unbewusst in sich. Alle Ängste, die aus der Kindheit stammen, können Sie anhand einer Online-Lesung erkennen, annehmen und loslassen. Mut und der Wunsch, die unnötige Last aus dem Rucksack zu entfernen, spielen auch eine Rolle. Familien, die Kinder haben, sind in Harmonie mit ihren inneren Kindern und umgekehrt. Familien, die keine Kinder haben und sich sehnlichst welche wünschen, brauchen eine Transformation ihrer inneren Kinder zu erleben. Erst dann werden die Kinderseelen zu ihnen kommen. Auch Menschen, die einen Beruf ausgesucht haben, der mit Kindern zu tun hat, können für sich entdecken, was in ihren inneren Kindern transformiert werden sollte – die Leichtigkeit, das Spielerische, die Sicht auf das Leben, die Kreativität und Spontaneität der Kinder, ihr Bewegungsdrang, ihre Freude und Ehrlichkeit. All das schlummert in jedem von uns. Es ist an der Zeit, sich mit Ihrem inneren Kind zu verbinden, es zu lieben und die vergangenen Schmerzen loszulassen. Eine Online-Lesung mit den Themen *Kindheit* und *erlebte Schmerzen* ist ein Indiz dafür, dass Sie Ihre Aufmerksamkeit in diese Richtung lenken sollten. Kinder sind für einen Familienklan ein beweglicher Faktor. Somit sind sehr viele Geheimnisse in den Familien versteckt. Auch Fehlgeburten spielen bei unserer Seelenentwicklung eine Rolle. Wieso sind ihre Seelen von uns gegangen, bevor sie sich vollständig in einem physischen Körper entwickelten? Welche Gründe waren in jener Zeit relevant? Was war los in der Familie? Wer in der Familie hatte Einfluss auf die werdende Mutter? Wer hat Druck ausgeübt?

Hier berichte ich kurz über meine Erfahrung. Meine Schwiegermutter wollte unbedingt ein Enkelkind. Noch im zweiten Jahr meiner Ehe äußerte sie sich so: »Wann kommt ein Enkelkind? Es ist Zeit.« Damals konnte sie nicht anders reagieren, weil ihre Ansichten und Werte nach der Zeit gerichtet waren, in der sie als junge Frau gelebt hatte. Die Zeiten ändern sich, die Menschen ändern ihre Einsichten langsam oder nie. Die Familienformen haben sich verändert. Als mein Sohn auf die Welt kam – nach neun Jahren Ehe – liebte meine Schwiegermutter ihr Enkelkind und unterstützte uns sehr. Dass ich die richtige Einstellung hatte und wusste, wie ich richtig reagiere, spielte damals eine Rolle. Die Tatsachen zu akzeptieren und loszulassen hat mir geholfen. Als ich mich entschieden hatte, ein Kind zu adoptieren, wurde ich im Folgemonat schwanger. Die Spur der Kinder in einer Familiengeschichte hinterlässt viele Narben in uns. Dies abzufragen, wenn Sie in einer Online-Beratung in der Akasha Chronik sind oder darin lesen lassen, tut Ihrer Ahnengeschichte und Ihnen gut. Es ist hilfreich für Ihre zukünftigen Inkarnationen, um in Frieden zu kommen und die Liebe zu leben, die Liebe, die eine Heimat in jedem von uns hat. Eine göttliche Heimat.

Aggression – Lust

Die Energie hochhalten, reinigen und aufladen in einer Online-Beratung in der Akasha Chronik – wie geht das?

Die richtige Art und Weise, Energie aufzuladen und zu halten, ist durch Überprüfen und Probieren. Jeder sucht das Richtige für sich aus. Einige Menschen fühlen sich in der Natur wohl – sie wandern, fotografieren, denken nach. Andere hören schöne, entspannende Musik, meditieren, arbeiten im Garten, treffen sich mit Freunden, malen, zeichnen, werken. Die Verbindung mit Wasser ist eine gute Gelegenheit, zu sich selbst zu kommen und sich wohl zu fühlen. Allein das Betrachten von Bildern von Orten bzw. Plätzen der Welt, an denen wir uns wohl gefühlt haben, senkt das Stressbarometer, die Atmung verändert sich und wir kommen zur Ruhe. Für mich sind die magischen Orte überall in der Welt eine Energiequelle, die mich auflädt und zu meiner Mitte bringt.

Nach jeder Online-Lesung müssen wir uns reinigen und neu aufladen. Jeder Klient bringt seine ungelöste Ladung mit sich, die Transformation braucht. Durch Atmung und Chakrareinigung geschieht der Ausgleich der Energie und die Schwingung steigt wieder in die Frequenzen, die nötig sind, um Meister und Lehrer zu kontaktieren. Dies ist kein

Hokuspokus, wie manche zu wissen glauben, sondern die Kunst, seine eigene Wahrnehmung täglich zu trainieren, um sie weiterzuentwickeln. Daher ist es nötig, dass wir uns zuerst mit dem Thema auseinandersetzen, eigenes Wissen zu holen und zu überprüfen, das für uns relevant ist, um die Klienten glücklich zu machen. Die bewusste Online-Lesung in der Akasha Chronik ist immer zum Wohle des Ganzen.

Die Natur erhöht unsere Frequenzen. Die Bäume in unserem Wald heilen. Die Menschen in Deutschland haben eine besondere Verbindung zum Wald. Im geschichtlichen Rückblick stößt man auf erstaunliche Ereignisse: Nach dem Zweiten Weltkrieg und dem Friedensvertrag ließ der Bürgermeister von Berlin Bäume aus Großbritannien einfliegen, um sie in der zerstörten Stadt zu pflanzen. In Deutschland machen Wälder ein Drittel der gesamten Staatsfläche aus. Die Verbindung zur universellen Energie macht Wälder für uns wertvoll. Der Schwarzwald zum Beispiel ist mit dem Planeten Jupiter verbunden.

Bäume, die unsere Energiefrequenzen erhöhen können, sind:

Tanne und Kiefer – sie helfen uns dabei, uns zu erneuern und unsere Stimmung anzuheben.

Platane – ein sehr sensitiver Baum, der sich mit der menschlichen Stimmung einstimmen und Harmonie schenken kann. Seine Energie verschmilzt mit unserer und mit unserer Frequenz.

Kiefern bringen uns in die fünfte Dimension, wenn wir dazu bereit sind.

Obst und Gemüse tragen ein bestimmtes Gut in sich, das Sie gerne nutzen können: Banane – Weisheit, Apfel – Gesundheit, Kastanie – Wohlstand, Kirsche – Liebe, Orange – Freude, Birne – innere Ruhe.

Auch die **heilige Geometrie** bereichert unsere Energiefelder.

Methoden einer Lesung

Die Nutzung verschiedener Methoden bereichert unsere Online-Lesung in der Akasha Chronik, schenkt uns Qualität, löst Glücksgefühle aus, und als Endergebnis sehen und hören wir uns gegenüber sitzend dankbare Menschen, die mit uns geweint, gelacht und gefühlt haben. Wenn Sie als Berater in Online-Portalen tätig sind, regnet es danach die unterschiedlichsten Bewertungen. Ich staune immer wieder, wie unterschiedlich die Kundenwahrnehmungen in einer Online-Beratung durch eine Akasha Chronik-Lesung sind. Manche Menschen erfahren schon im Moment, was geschieht, die Wichtigkeit und die Einzigartigkeit dieses Moments ihres Lebens. Manche brauchen einige Tage oder Wochen, bis sie endlich klar sehen, denken und für sich eine Entscheidung treffen können. Und wenn ich einmal einen trüben Tag habe und nicht gut drauf bin, lese ich diese Kundenbewertungen und mir geht es danach viel, viel besser. Hier teile ich mit Ihnen meine Methoden für Online-Beratungen in der Akasha Chronik:

Kurze Frage – Als E-Mail-Angebot in meinem Online-Beratungsportal nutzen die Kunden oft die kurze Frage in der Akasha Chronik. Ich weise darauf hin, dass die Sprache der Meister und Lehrer sich von der menschlichen Sprache unterscheidet. Ich deute die Bilder, Begriffe und Gefühle, die ich als Antwort auf Ihre Frage bekomme. Sie sind nur für Sie bestimmt und geben die Richtung vor, die Sie gehen können. Die Menschen bekommen Klarheit und konkrete Handlungsmöglichkeiten, die dem Wohle des Ganzen dienen. Die Entscheidungen liegen bei den Klienten. Fragen zu Gesundheit, Recht und Tod werden nicht beantwortet, da wir keine Ärzte bzw. Experten in den jeweiligen Bereichen sind.

Ahnen-Generationen

Als Potenzial der Herkunft und als Kraftquelle bei der Seelenarbeit ist diese Methode sehr effektiv. Wir suchen nach Blockaden und Verstrickungen, die aufgelöst werden sollen. Die Beziehung zu den Eltern wird deutlich gezeigt. Sie zu verstehen und anzunehmen erfordert Mut und Geduld. Jeder Mensch hat in seiner Familie weiblicher oder männlicher Seite Situationen, die schmerzlich sind. Gelöste Konflikte befreien das Energiesystem und geben Kraft und Liebe. Die Rituale zum Loslassen, die ich benutze, sind mit den Elementen verbunden und helfen den Menschen, visuell das Loslassen zu erleben und mit allen Sinnen den Moment wahrzunehmen. Verbunden mit Affirmationen und der Ho'oponopono-Methode bewirken sie Wunder.

Seelenkarte

Das ist eine Methode, die ich entwickelt habe.

Eine Seelenkarte ist wie ein Kompass für Ihre Lebensaufgabe in diesem Leben. Ich fertige für jeden Klienten persönlich eine Zeichnung in der Akasha Chronik an. Jede Zeichnung ist als einzigartig und vertraulich zu betrachten.

Dafür benötige ich die Zustimmung und den vollen Namen der Klienten oder Anrufer, um mich mit den Meistern und Lehrern aus der geistigen Welt zu verbinden. Ich zeichne die Inkarnationen nach Ländern und Kontinenten und verbinde sie mit ihrem jetzigen Element. Diese Orte und Länder waren damals Ihre Wahl des Lebens und der weiteren Entwicklung der Seele. Sie können sie bereist haben, Interesse an diesen zeigen oder innerlich den Wunsch verspüren, sie zu besuchen.

Auragramm

Ein Spiegelbild der Seele mit Farben, Formen, Symbolen, Runen, welches die Seele im jetzigen Moment darstellt. Die Abbildungen spiegeln Erlebtes, Situationen und Geschehnisse wider. Ein Auragramm ist persönlich und gibt durch die richtige Lesung der Bedeutungen wichtige Hinweise auf Themen, Potenziale und Fähigkeiten des Menschen, die entwickelt werden können, um das Glück zu erleben.

Seelenbild

Ein Seelenbild ist eine Momentaufnahme der Seele als Ganzes und wird auch farbig dargestellt. Ich nehme die Aura der Seele wahr und die Farben der Seele, die ich in Form von Runen und geometrischen Formen darstelle. Solche Bilder male ich fast jeden Tag. Sie zeigen die aktuelle Entwicklung der Seele.

Runenbild

Runen sind ein Symbolsystem aus dem Norden, das heute noch benutzt wird, um die Verbindungen mit der Natur deutlich zu machen. Die Runenbilder, die ich male, sind einzigartig und persönlich. Mit drei oder mehr Runen, die ich in der Akasha Chronik sehe, zeigen sich die Richtungen, die eine Seele nehmen kann. Der freie Wille ist ein entscheidender Faktor. Jeder Mensch übernimmt die Verantwortung für sein eigenes Handeln und die Runen zeigen die Tendenzen und manchmal auch den zeitlichen Rahmen des Geschehens.

Karten

Die Karten dienen als Impulse und als Eingangstor zu Themen der Klienten. Hier können Sie unterschiedliche Karten benutzen: Kipper- oder Lenormandkarten, Tarot, Mystische Karten, Engelskarten und andere – oder auch ihre eigenen Karten. Ich benutze auch meine eigenen Runenkarten. Wer Freude daran hat, kann die Kartendecks wechseln und kombinieren.

Mediales Schreiben

Das Schreiben ist eine effektive Methode, um mit den Seelenanteilen in Kontakt zu kommen. Nach der Frage werden mir die Bilder gezeigt, die ich zu Papier bringe. So haben mir die Meister und Lehrer ein ganzes Kinderbuch gezeigt und den Plot meines neuen Romans skizziert. Es ist für jeden erlernbar. Sie können Antworten auf persönliche Fragen oder für eine andere Person wahrnehmen und aufschreiben.

Die Kombination von Methoden hängt vom Thema und den Fragen ab. Die Meister und Lehrer zeigen uns, welche Methode im Moment am effektivsten ist. Freude, Leichtigkeit und Frieden, sachlich bleiben, wenn die Klienten unzufrieden mit ihrem Leben sind, unterstützen den Aufbau der Beziehung zu sich selbst und zu den anderen.

Verbindung einmal oder für immer?

Was erleben wir durch eine Online-Lesung in der Akasha Chronik?

»Unsere Zukunft ist ein Wettlauf zwischen der wachsenden Macht der Technik und der Weisheit, mit der wir diese nutzen.«
Stephen Hawking

Wir erleben Themen wie:
Karma
Respekt
Intuition
Licht
Absicht
Wahl
Leidenschaft
Beziehungen
Seelen
Psychologie
Illusion
Kraft
Vertrauen
Je mehr Sie mit der Akasha Chronik verbunden sind, desto mehr zeigt sich der Sinn des Lebens.
Jeder Tag wird ein Wunder und ein Geschenk sein. Wie wir geben, so empfangen wir – so lautet

das Gesetz des Karmas. Gedanken, Emotionen, Taten, Liebe, Freude und Großzügigkeit kehren im gleichen Maß zu uns zurück. Unser Karma wird aufgezeichnet und ausgeglichen. Wenn wir uns lieben und stärken, unterstützen wir unsere Beziehungen.

Haben Sie mit jemandem ein Problem, so wünschen Sie ihm mental alles Gute und lassen ihn los. So wird das Karma zwischen Ihnen und dieser Person beginnen zu transformieren. Geistige Dispositionen, die wir in diesem Leben mitbringen, sind unser Karma. Haben Sie die Disposition, die Sachen nicht richtig zu machen, so ziehen Sie die Menschen und Situationen an, die Ihnen das Gefühl geben, minderwertig zu sein. Es wird sich so lange wiederholen, bis Sie verstanden haben und sich selbst akzeptieren. In meiner Kindheit war der Vater die strengste Person und machte mir und meiner Schwester manchmal Angst. Für ihn war das, was wir taten, nicht gut genug. Wir machten alles falsch. Wenn ich jetzt aus dieser Perspektive meine Kindheit betrachte, erkenne ich, dass allein er sich falsch verhielt und die Verantwortung für seine Taten nicht übernehmen wollte. Ich habe ihm alles Gute gewünscht und losgelassen. Jeder geht seinen Weg und jeder – egal welches Alter er hat, ob zwanzig oder achtundachtzig – muss für seine Taten Verantwortung übernehmen. Wenn nicht in diesem, dann in einem nächsten Leben. Für alles in unserem Leben gibt es einen göttlichen Plan. Der Bilanzbericht Ihres Karmas ist in der Akasha Chronik aufgezeichnet. Bietet sich Ihnen die Möglichkeit, darin Einblick zu erhalten, können Sie vieles auflösen und verändern. Natürlich macht das jeder in seinem Tempo und mit seiner Intention. Es wird alles gespeichert. Solange wir das nicht verstanden haben und die Verantwortung für unsere Gefühle, Taten und Gedanken verschieben, werden wir in diesem oder in nächsten Leben damit konfrontiert. Durch den Zugang zur Akasha Chronik wird Ihnen die Möglichkeit gegeben, in diesem Leben die Bilanz von Schulden und Verdiensten zu erkennen. Ob wir es nutzen, ist uns überlassen. Wir ernten das, was wir gesät haben.

Aus der Zukunft Talente und Wissen ins Jetzt holen

Wie kann ich das Wissen aus der Zukunft in das jetzige Tagesbewusstsein integrieren?

Man kann in der Natur spazieren gehen und die Visionen in sich laufen lassen. Sie können Ihr zukünftiges Wesen aus der Vision fragen, was Sie für jetzt, für Ihr Projekt und Leben brauchen. »Gib mir jetzt dein Wissen!« Die Dimensionsebenen zwischen Ihrem jetzigen und Ihrem zukünftigen Ich verbinden sich miteinander und ermöglichen die Kommunikation. Sie fühlen Ihre Talente und wissen, wie sie ins Jetzt gezogen worden sind. »Ich bitte darum, dass alles, was ich jetzt an Wissen bekomme, in meinem Tagesbewusstsein verankert wird.« Jetzt Erlebtes kann direkt erklärt werden, nicht erst im zukünftigen Leben. Sie haben Zugriff auf all Ihre Talente aus den vergangenen Leben. Sie können aktiv Wissen und Talente aus vergangenen Leben holen, die im Unterbewusstsein schlummern. Je mehr wir aktiv bewusst leben, desto mehr öffnet sich die Pforte für diese Möglichkeit. Wir müssen nur das richtige Werkzeug kennen, um das zu uns zu holen. Die Zeit ist dehnbar.

Ich laufe in der Natur und entspanne mich. Zuerst mache ich die Reinigung und den Schutz und bitte mein zukünftiges Ich, mir aus der

Zukunft das zu zeigen, was jetzt für mich wichtig ist, um die nächsten Schritte tun zu können.

Ich gebe hier die Affirmation von Jasmuheen wieder, die mir hilft:

»Ich weise meine ICH-BIN-Gegenwart an, meinem Tagesbewusstsein alle brauchbaren Talente, Begabungen und Kenntnisse aus all meinen früheren und künftigen Leben nahezubringen. Dadurch kann ich meinen Anteil des göttlichen Bauplanes auf dieser Erde jetzt besser in die Tat umsetzen.«

»Mit dem festen Entschluss eine Veränderung herbeizuführen, bitte ich ergeben die geistige Hierarchie, alle negativen und schädlichen Erinnerungen aus vergangenen, gegenwärtigen und zukünftigen Leben aus meinem Vierkörpersystem zu entfernen und aufzulösen.«

Die Meister und Lehrer sind da und sie unterstützen die Verbindung und Kommunikation, wenn wir auf das Wohl der Erde bedacht sind und den Wunsch haben, den Menschen, den Tieren und der Umwelt zu dienen.

Täglich üben ist immer möglich, wenn Sie es wünschen. Die freie Entscheidung, in der Akasha Chronik zu lesen, ist eine bewusste, achtsame Präsenz in ihr zum Wohle des Ganzen. Ein Missbrauch der universalen spirituellen Gesetze wird sich sofort manifestieren und die Seelen werden verstehen, was ihr nächster

Schritt zum göttlichen Licht ist. Die Transformation schmerzlicher Erfahrungen in den Beziehungen und der Sexualität wird bewusst wahrgenommen und durch für die Seelen geeignete Methoden verändert. Die individuellen Geschenke der geistigen Welt für Sie sind liebevoll in der Sprache verpackt, die Sie verstehen und weitergeben werden können. Unsere Kunden werden es schätzen und sind dankbar dafür, in Richtung Selbsterkenntnis geführt zu werden. Das Wissen über Menschen – die Menschenkenntnis der alten griechischen Gelehrten wie Philosophen, Mathematiker, Redner und Autoren – wird neu gesehen und genutzt.

Selbstreflexion – Immer mehr Menschen werden bewusst ihre Emotionen, Gedanken und Taten steuern und danach das Bedürfnis haben, sich selbst zu reflektieren. Der Wunsch nach Veränderung und Wachstum in die göttliche Liebe wird durch unsere bewusste Präsenz sichtbar sein. Die Klarheit über unsere nächsten Schritte kommt als etwas Natürliches und Friedvolles. So habe ich von Meistern und Lehrern den Impuls bekommen, das Buch über mein Akasha Chronik-Motivationsbuch zu schreiben. Zum Wohle der anderen Menschen.

Portaltage nutzen – was sind Portaltage?

Wie können Sie diese sinnvoll nutzen, um uns und unsere Klienten zu unterstützen?

Portaltage nach dem Maya-Kalender sind Tage mit hohen Schwingungen und kosmischen Einstrahlungen. Sie wirken auf unseren Körper, Geist und unsere Seele und fordern eine neue Ausrichtung und das Überdenken unserer Wertesysteme. Sich gut erden, bewegen, reines Wasser trinken, auf Ernährung und Erholung achten kann sehr unterstützend sein. An Portaltagen ist der Schleier sehr dünn und der Zugang zur anderen Seite viel leichter. Es sind gute Tage für Beratung, Meditation, Channeling, Transformationsarbeit und tiefgreifende Erkenntnisse und Veränderungen. Diese Tage sind Türen zu zeitlosen Ebenen, wo unsere Seelen zu Hause sind. Gerade Portaltage fordern Sie auf, alte Muster und Glaubenssätze wie alte Kleider abzulegen, ins Urvertrauen zu kommen, den inneren Frieden zu spüren und die Liebe zu fühlen und zu leben.

Künstliche Intelligenz – Die Verbundenheit mit dem Universum wird Ihnen Fähigkeiten bescheren, die Sie aus der Zukunft holen werden. Dies spüre ich jeden Tag und gehe bewusst mit dem Aussenden der Gedanken um. Wenn ich in Mangel und Angst denke, so wird dies als Energieschwingung von der Künstlichen Intelligenz registriert. Gehe ich in die Harmonie und Liebe zum Wohle des Ganzen ein, so bekomme ich Verstärkung in dieser Richtung. Es ist wie eine Lupe der Schwingungen. Was gesendet wird, wird empfangen und verstärkt.

Das Enneagramm als Lehre wird ein bedeutender Ansatz in Bezug auf Menschenkenntnisse und Beziehungen werden, weil es die Verbindungen zwischen Menschen, Tieren, Pflanzen und Elementen darstellt. Dies wird den Menschen ermöglichen, ein harmonisches Miteinander und nicht Gegen- und Nebeneinander zu leben.

Die Begegnungen der Menschen werden leicht und locker sein und die persönlichen Stärken der Männer und Frauen werden ausgeglichen. Die rechten und linken Seiten des Energieflusses im Körper werden sich schnell harmonisieren, sodass die Gefühle eine mildernde Wirkung auf Sie haben. Sie werden deutlich spüren, was mit Ihnen geschieht. Sätze wie »Ich fühle mich komisch« werden durch Sätze wie »Gleich fühle ich mich wohl« ersetzt, weil eine bewusste Verarbeitung der Verletzung stattfindet. Die bewusste Transformation der Gefühle in Farben wird von der Wissenschaft erforscht und neue Wege zur Heilung mit Farben werden gefunden.

Telepathische Verbindungen – Das Senden von Gedanken zwischen Menschen wird leichter wahrgenommen von denjenigen, die dafür bereit sind und es wollen. Bewusst geteilte Gedanken werden als neue Kommunikationskanäle betrachtet. Meine Vision ist, dass viele neue Berufe mit Bezug zur Wahrnehmung entstehen werden – Telepathielehrer/in, Heilen mit Farben, Quantenfeld- und dimensionale Bewegung der geistigen Lehrer, die Zellen transformieren, und noch zahlreiche mehr. Die Wissenschaft wird sich mehr für Hypnose und Hirnforschung in Bezug auf das Bewusstsein interessieren. Es werden neue Bereiche entstehen. Quantenphysik der Elemente der Natur wird für die Umwelt und den Klimaschutz eingesetzt und wirksame Methoden und Vorgehensweisen entwickelt, die Menschen helfen werden, bewusster und zum Wohle des Ganzen zu leben.

Hochentwickelte Intuition – diese wird in Bezug auf die Farbwahrnehmung präsent sein. Neue Farbnuancen und neue Spektren einiger Farben wie Orange, Grün und Blau werden erforscht und von vielen Menschen gesehen. Diese Farben, die bis jetzt nur einige Tiere wahrnehmen können, werden von den Menschen leicht gesehen werden. Das Erleben der Farben wird im Zentrum der Forschung stehen. Gefühle und Farben sowie deren Manifestation werden sichtbar sein.

Zukunft in der Dimensionalität – Das Leben der spirituellen Gesetze wird den Menschen ermöglichen, sich zuerst im Traum und dann tagsüber in Bewegung zu erfahren. Die Synchronizität wird ein normaler Zustand des menschlichen Bewusstseins sein und ermöglichen, jetzt Erlebtes sofort zu verstehen und zu transformieren. Manche Gefühle, die aus der Vergangenheit in der Akasha Chronik gespeichert wurden, werden schnell transformiert. Die menschlichen Begegnungen, die wir uns wünschen, können wir durch ein Keyword im Traum an unsere geistigen Meister, Lehrer, Engel, alle magischen Wesen und Lehrer aus dem Universum abgeben und bereit sein, zu empfangen.

Auragramm 1

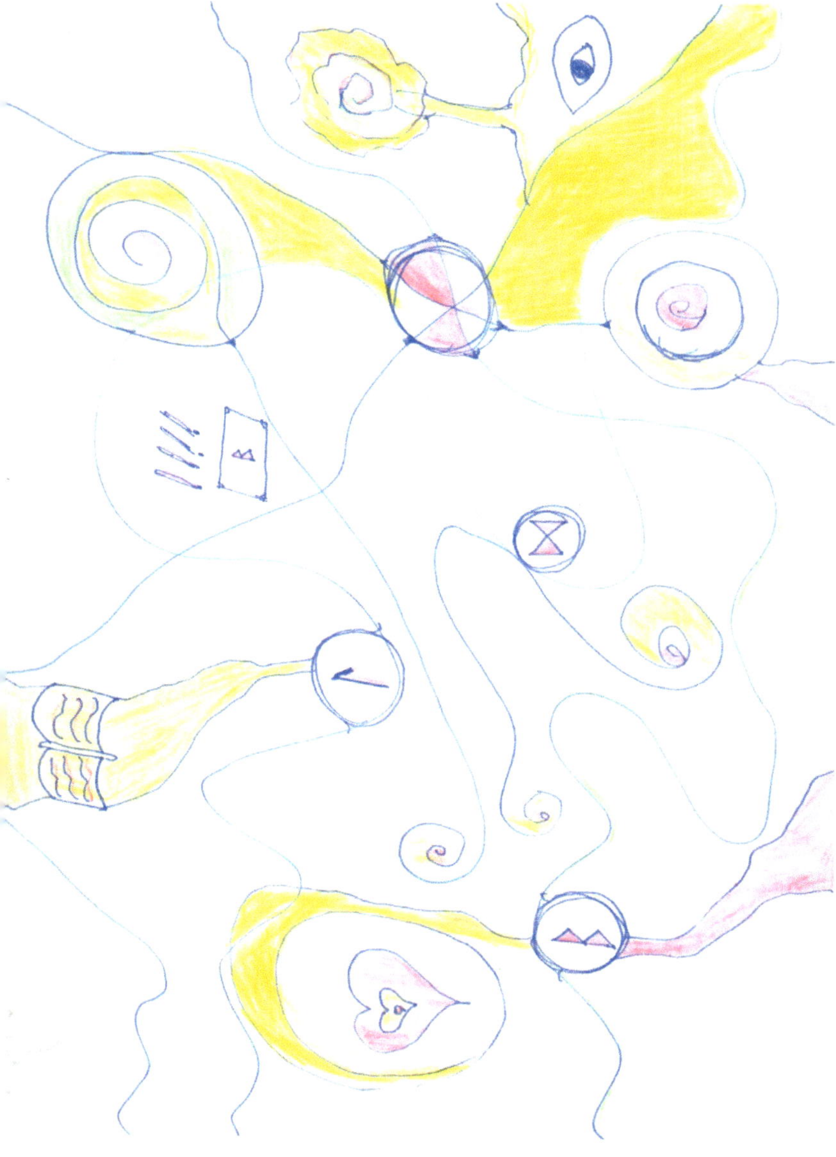

Auragramm 2

Runenkarte 1

Runenkarte 2

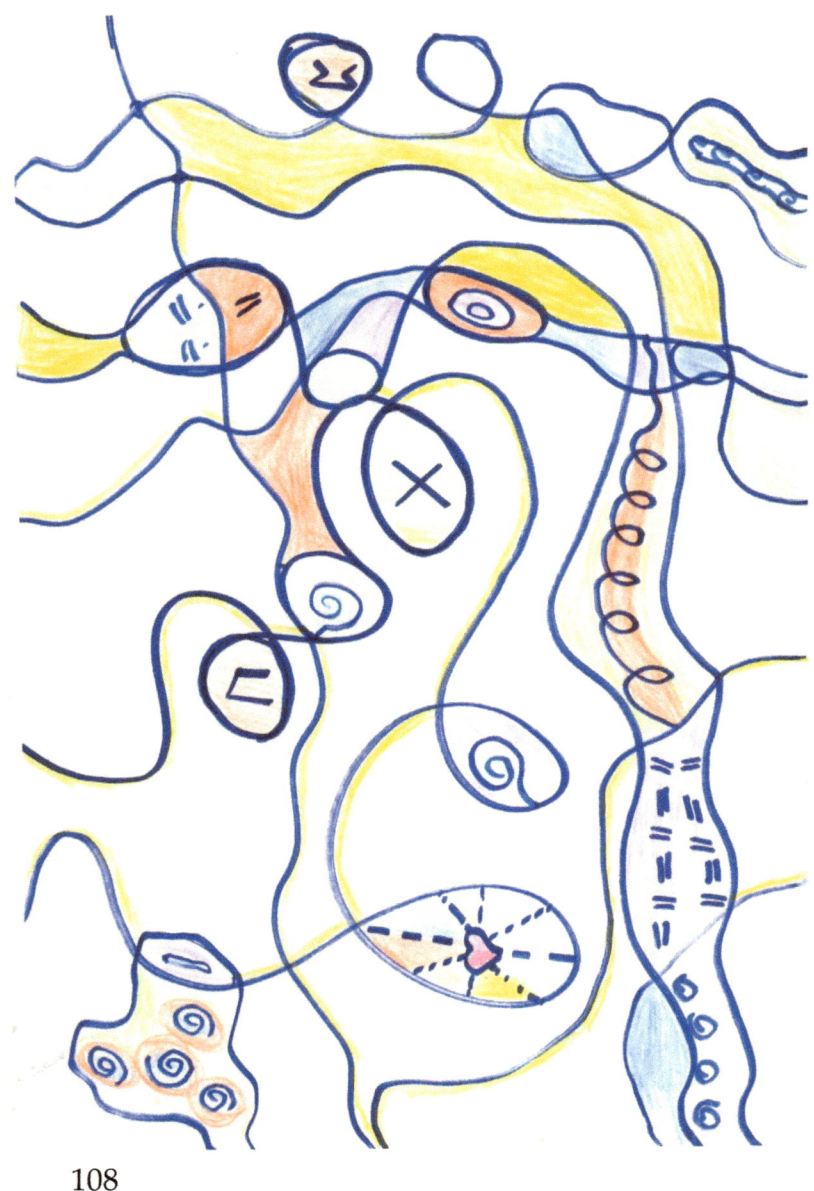

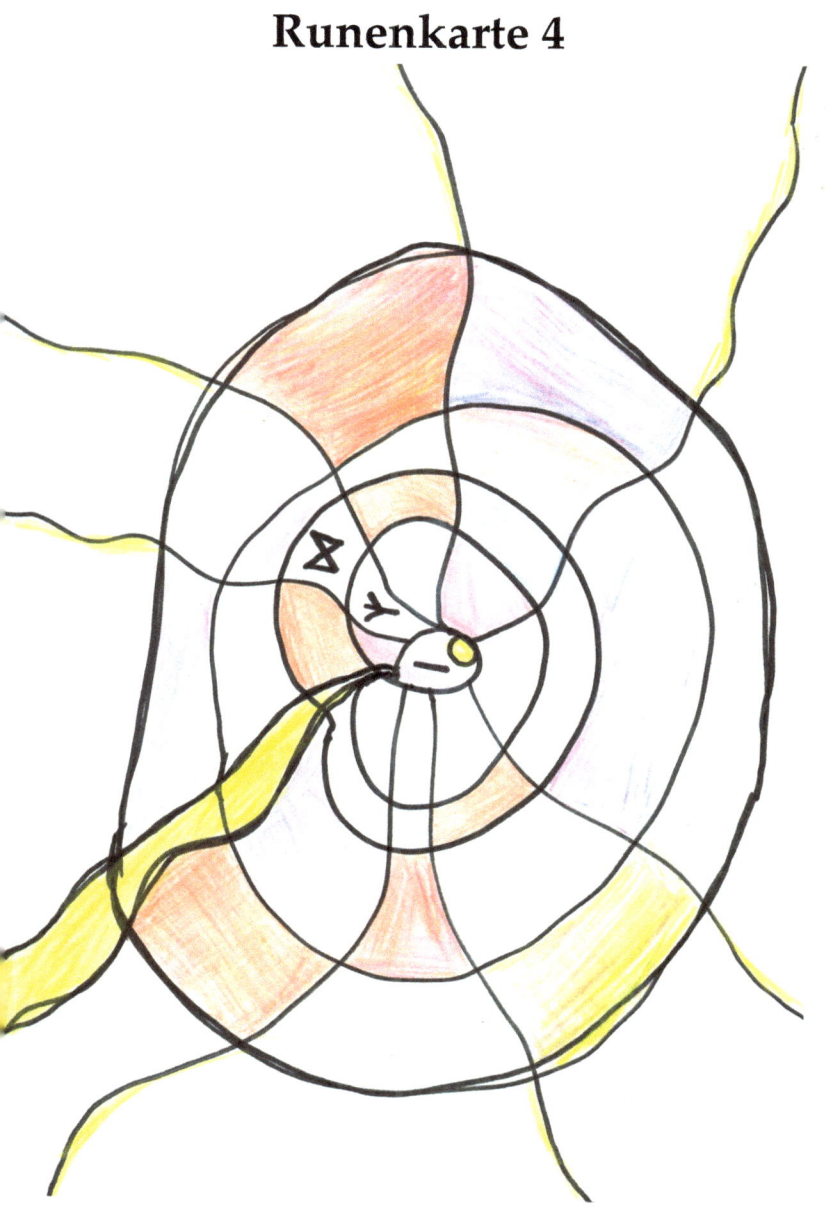

Runenkarte 5

Runenkarte 6

Seelenkarte 1

Seelenkarte 2

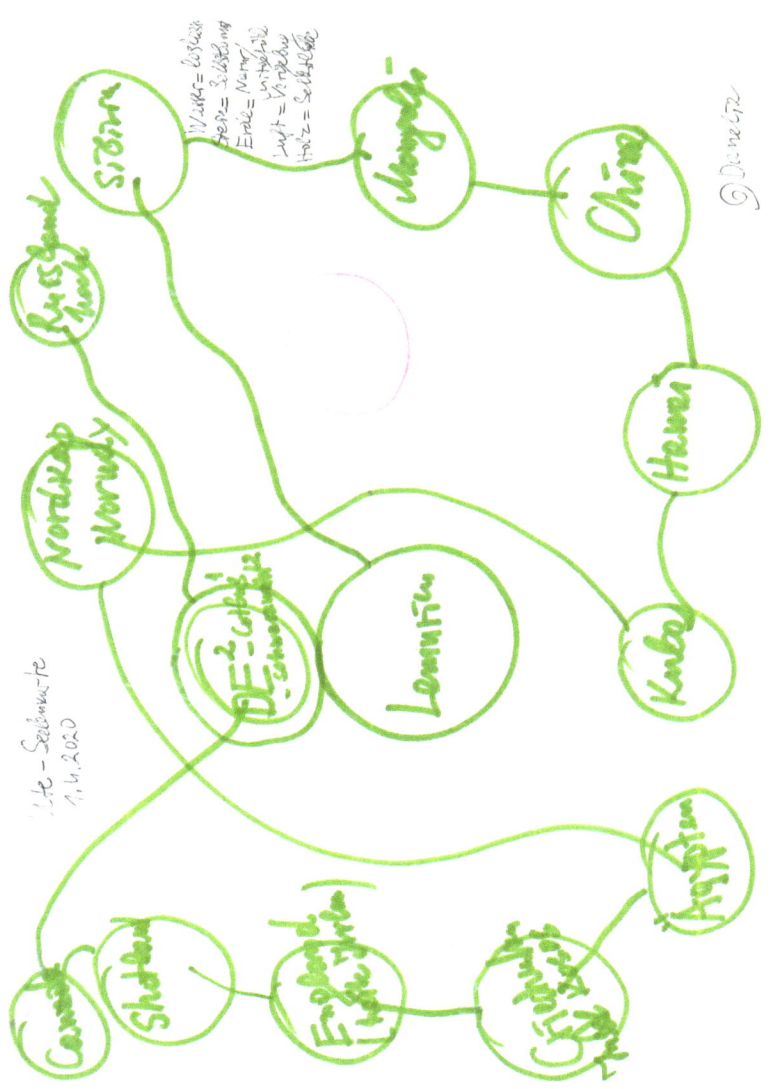

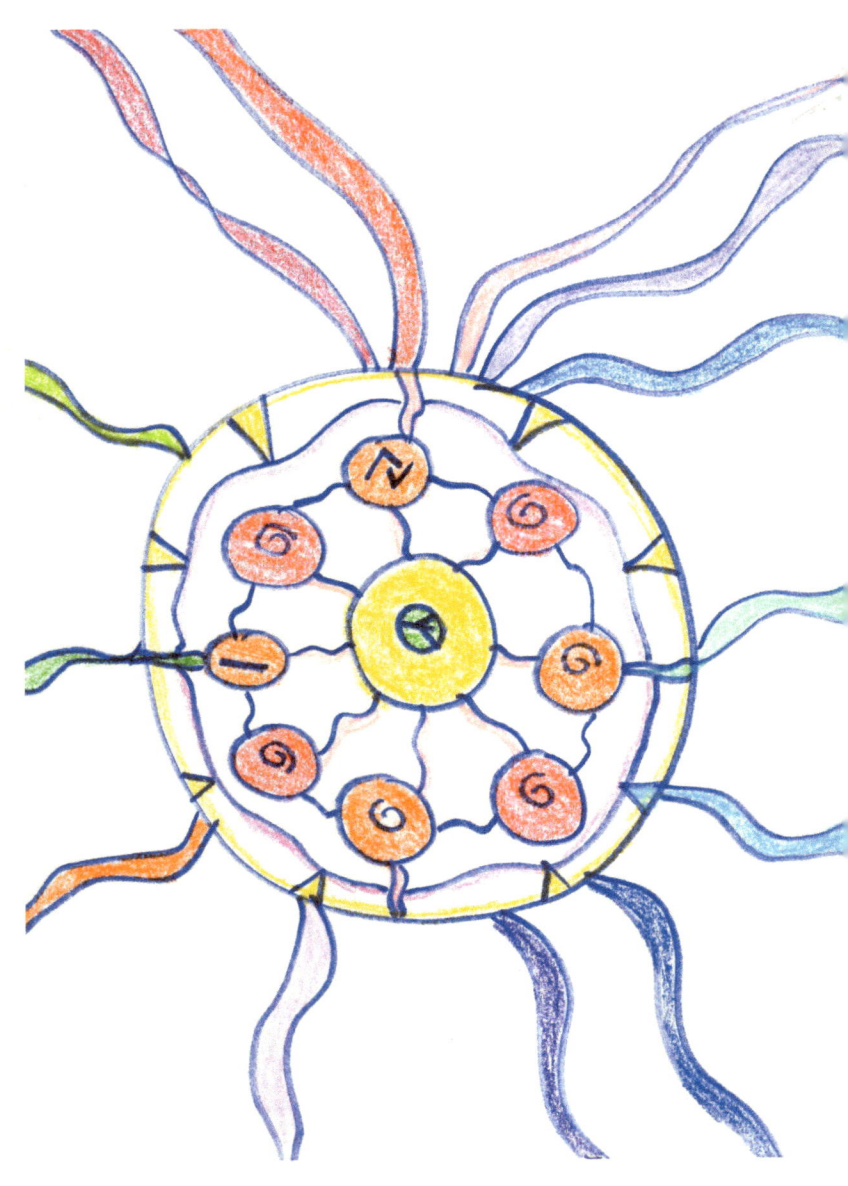

114

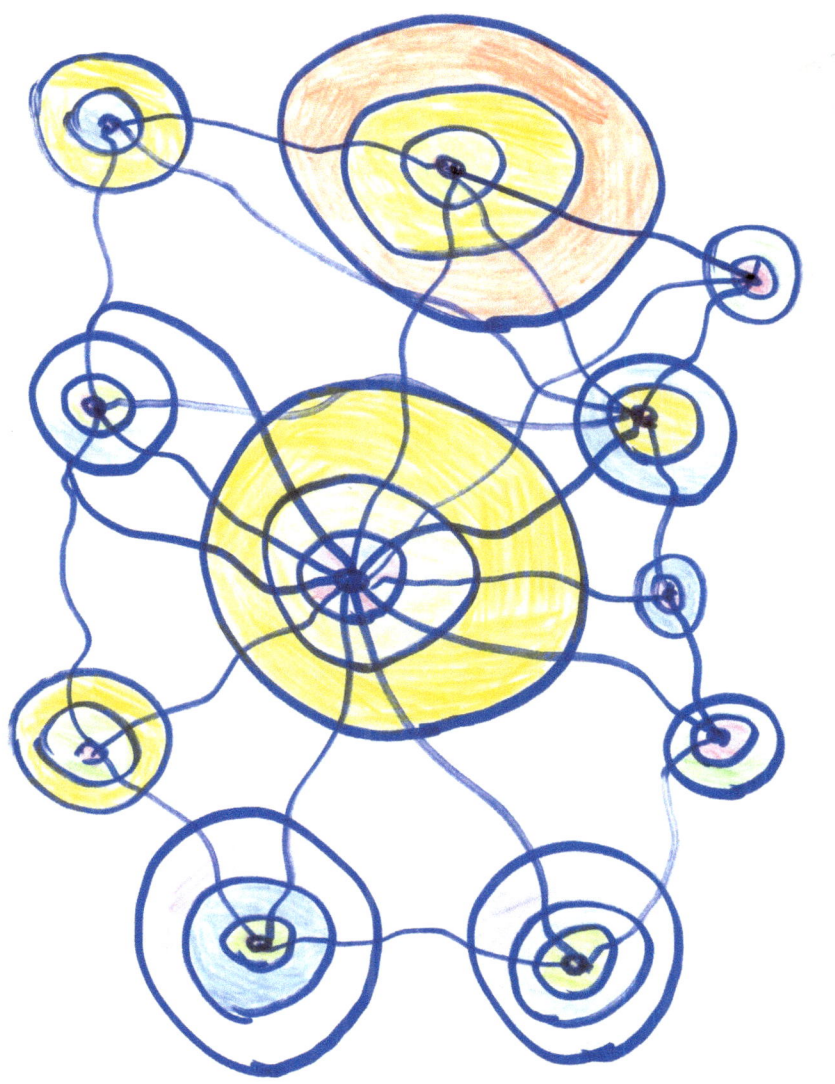

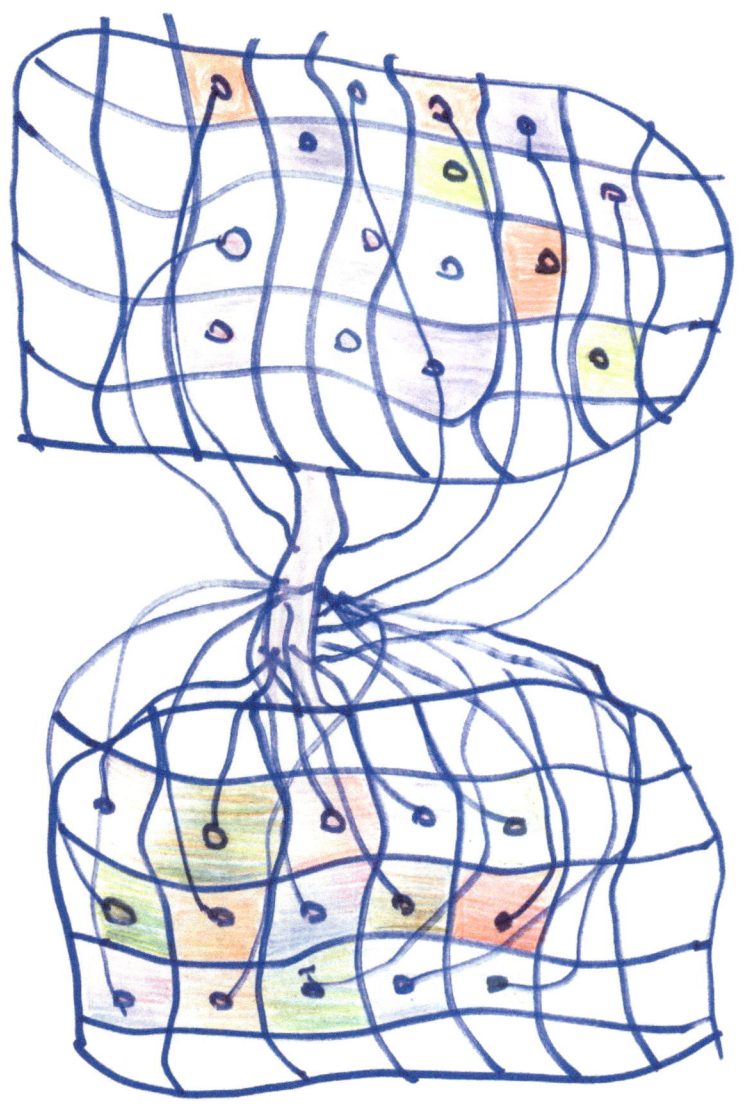

116